애티튜드

애티튜드
Attitude

◆ 자신만의 유연함으로 인생을 살아가는 사람들의 비밀 ◆

도리스 메르틴 지음 | 이미옥 옮김

✦

아주 드물게 완벽한 삶을 살았던,

그러나 언제나 행복하게 살아가는

크리스티안에게 바침

✦

우리는 왜 삶에 만족하지 못하는가

"이 정도면 괜찮다고 해도, 우리에게 만족은 없다!"

흔히 볼 수 있는 광고 카피다. 사실 많은 사람들이 이와 같은 좌우명에 따라 살아가고 있다. 지나치게 높은 목표, 경쟁으로 인한 압박감, 스트레스가 우리의 일상과 개인적인 휴식 시간까지도 손에 쥐고 흔든다.

물론 우리는 편하게 쉴 수 있는 마지막 주말을 날려버리는 한이 있더라도 회사에서 진행하는 흥미진진한 프로젝트를 놓치고 싶지는 않다. 30분 후면 유치원이 닫는 시간이라 아이들을 데리러 가야 한다 해도 우리는 어느새인가 이메일에 답장을 보내고 있다. 노후가 보장되는 개인연금을 들기도 전에 이자율부터 계산하고 매달 지불액을 깎아달라고 흥정하기도 한다.

휴일이 지나면 훨씬 여유가 있으리라 스스로 위로하고, 다음번 휴가에는 일이고 뭐고 다 집어치우고 오로지 나 자신을 위해서만 뭔가를 해야지 하고 마음먹는다. 그리고 '오늘 저녁에는 정말 편안하게 쉴 거야' 하고 생각한다. 하지만 막상 저녁이 되면 휴식 시간이 그다지 자유롭지 않다는 사실을 깨닫는다. 일주일에 두 번 이상 꼬박꼬박 헬스클럽에 가야 하고, 회사에서 우리를 언제 호출하더라도 반응해야 하며, 저녁 약속이 생기면 예의상 가야 한다. 오후에 한 번쯤 빈둥거리며 시간을 보내는 것은 우리에게 사치스러운 일로 보인다. 마치 우리 부모님들에게 휴양지로 휴가를 떠나는 것이 사치스럽게 보이듯 말이다.

잘 살고 있지만 행복하지는 않다

우리는 잘 산다. 그것도 엄청나게 잘 살고 있다. 우리 대부분은 부모님 세대와 비교해볼 때 훨씬 좋은 교육을 받았고, 더 넓은 집에서 살고 있으며, 더 흥미로운 직업에 종사하고 있다. 우리보다 먼저 살았던 세대들 가운데 그 어떤 세대도 우리처럼 부유하지 않았고 우리처럼 멀리 여행해본 적도 없다. 우리만큼 계몽되고, 많은 정보를 가지고 있으며, 건강하고, 자유롭게 무언가를 결정했던 세대도 없었다. 또한 우리처럼 기대수명이 길었던 세대도 없었다. 물론 그 어떤 세대도 우리처럼 삶에서 많은 것을 기대한 적도 없었다.

이처럼 잘 살고 있지만 정작 우리는 왜 그렇게 느끼지 못할까? 우리는 앞으로 나아가기만 할 뿐 자기 자신에게 다가가지는 않기 때문이다. 하루, 일주일, 1년을 미친 듯이 서두르며 살아가는 동안 삶은 순식간에 우리를 지나쳐버린다. 해야 할 일들과 약속으로 달력에 일정이 가득 차 있지만 우리는 충만함이 아니라 공허함을 느끼고 과민한 상태에 있으며 어쩌면 번아웃이 온 것 같은 느낌마저 든다.

그림 형제의 동화 《행복한 한스》(1819년에 출간된 그림 형제의 동화집 2권에서부터 소개되는 동화 - 옮긴이 주)의 주인공 한스는 7년간 노동을 한 보수로 자기 머리만 한 금덩이를 받는다. 그러다 이 금덩이를 곧 말 한 마리와 교환하고, 말은 소 한 마리와 교환하고, 소는 돼지 한 마리와 교환하게 된다. 마지막에 이르러서 한스는 빈털터리가 되고 말았지만 너무나 행복해했다.

우리는 이 주인공 한스처럼, 꽤 분위기가 좋았던 이전의 회사를 미련 없이 그만두고 회사 소유의 자동차를 제공해주는 새로운 회사로 옮기며, 비교적 관리하기 쉬운 아파트에서 시외의 단독주택으로 집을 옮긴다. 배우자와 아이들, 반려동물과 함께 시간을 보내는 대신 인기 있는 드라마를 보며 시간을 보낸다. 우리는 한스처럼 자신이 내린 결정과 결과물, 성공에 감격한다. 주어진 삶에서 최고의 결과를 만들어내기 위해 최선을 다하는 것이다.

그림 형제의 동화는 행복한 결말을 맺는다. 한스는 자신이 세상에서 가장 행복한 사람이라고 생각한다. 매번 충동적으로 이루어졌던 교환을 성공적인 교환이라고 해석하는 것이다. 그가 언젠가 지난날의 교환 행위를 후회하게 될지 아닐지는 동화에 나오지 않는다. 동화 속 행복한 한스는 아무런 생각 없이 내린 자신의 결정들이 가져온 결과와 결코 대면하지 않을 것이다.

하지만 실제 우리의 삶은 한스의 삶처럼 그렇게 간단하지 않다. 우리는 크고 작은 불행을 마주한다. 보다 나은 삶을 살고자 했을 때 어떤 것을 상실하게 될지를 예감한다. 일에 우리의 영혼을 모두 바쳐야 하고, 집 대출금과 자동차의 할부금을 갚느라 좋은 시절을 다 보내야 한다. 스트레스를 받고 늘 무언가에 쫓기며, 인내심도 잃어버리고, 기분 나쁠 때도 많고 쉽게 지루함을 느낀다. 그리고 세월이 흐르면 우리가 마음대로 할 수 있는 게 더 많아지는 게 아니라 오히려 줄어든다는 사실도 예감한다. 예전에 비해 감각도 무뎌지고 상상력도 줄어든다. 우리가 얻은 복지와 성공은 당연히 그에 걸맞은 제물을 요구한다는 사실도 예감하기 시작한다.

우리 삶은 어떻게 병들고 있는가

스트레스가 만병의 근원이라는 사실은 이미 모두가 잘 알고 있다. 미국 성인의 43퍼센트는 스트레스로 건강이 나빠졌다. 그 원인으로는 시간과 관련해 느끼는 공포심이 있다. 시간에 쫓겨 살아가며 받는 극심한 스트레스 외에도, 우리는 살아가면서 꼭 이루거나 경험하고자 하는 것들을 하지 못한 채 죽지는 않을까 하는 데 대한 두려움이 있다. 복지 수준이 높아질수록, 더 많은 교육을 받을수록, 우리가 시간과 맺고 있는 관계에는 더욱 긴장감이 돈다. 미국의 작가 제임스 글릭James Gleick은 자신의 책 《빨리 빨리!: 초스피드 시대의 패러독스》에서 "우리는 항상 시간이 별로 없다는 생각을 갖게 된다"라고 썼고 다음과 같이 평가했다.

"이런 생각이야말로 우리가 현대를 살아가면서 품게 되는 신화다."

우리는 쏟아지는 정보와 소비 행위 그리고 갖가지 체험과 경험들에 대하여 최소한 보조라도 맞추기 위해 점점 더 스스로를 재촉한다. 그러다 보니 제대로 된 음식이 아니라 패스트푸드로 식사를 해결하고 수십 개 텔레비전 채널을 이리저리 계속 돌려보고 속독법을 배우는 등, 다양한 과제를 동시에 수행할 수 있는 성능이 뛰어난 컴퓨터처럼 여러 가지 일을 한꺼번에 처리하고는 한다.

미국 학자들은 사람들이 이렇듯 삶에 대해 보편적으로 가지는 느낌에 대해 그럴듯한 이름을 붙여주었다. 바로 '조급증Hurry-Sickness'이다. 하지만 이렇듯 서두르며 살아가는 사람들이라고 해서 특별히 눈에 띄지는 않는데, 그것은 다른 사람들도 마찬가지로 재촉하며 살아가기 때문이다.

우리는 솔직하게 인정하지는 않지만 문득 느끼곤 한다. 우리가 자신에게 바라는, 그리고 세상과 타인이 우리에게 바라는 수많은 요구 사항들이 우리를 지치게 만들고 있다는 사실 말이다. 그런 요구들은 우리의 능률과 삶의 질을 갉아먹고, 건강을 좀먹으며, 친절함과 삶을 즐기는 능력마저 퇴화시킨다. 시간을 벌고자 하는 병적인 욕구로 인해 우리는 스스로를 멈추게 할 수 없다. 우리의 삶은 어떻게 변해가고 있을까?

낮아진 능률 맹렬한 속도를 쫓아가는 일은 실수를 하게 만들고 창의력도 떨어뜨린다. 좋은 아이디어를 떠올리는 것은 복잡한 프로젝트나 고심 끝에 내리는 결정과 마찬가지로 시간적인 여유도 필요하고, 전체를 관망할 수 있는 능력과 긴장하지 않는 편안한 상태가 필요하다. 머릿속을 비우는 시간이 있어야 기발한 착상이나 놀라운 해결책이 나올 수 있다. 창의력 연구가인 미하이 칙센트미하이Mihaly Csikszentmihalyi가 지적하듯이, 쉬지 않고 계속해서 최고의 속도로 나아가는 것은 자신의 사고가 성숙해질 기회를 주는 않는 행동이다.

떨어진 삶의 질 회계팀장이든 관리자든, 직장인이든 부모든 간에 우리는 하루 종일 일을 해야 한다. 만일 이들이 주말 오후 5, 6시쯤 또는 7시 이후에 음악을 듣거나 놀거나 독서를 하거나 잠을 자거나 달콤한 아이스크림을 먹으러 간다면 다시 기운을 차릴 수도 있다. 하지만 사람들은 대개 그런 시간이 되면 해결해야 할 다른 과제에 집중하고는 한다. 이를테면 세금 고지서를 확인하거나, 아이들이 수학 문제를 잘 풀었는지 숙제를 검사하고, 헬스클럽에 가서 운동을 하거나, 겨울에 갈 휴가지의 숙소를 예약한다. 우리 몸과 마음이 충분히 휴식할 시간을 주는 대신에 빨래를 널고 있는 것이다.

나빠진 건강 '스트레스를 받고 있는 상태'는 전속력으로 달리고 있는 지금과 같은 시대에는 듣기 좋은 말이다. 성공하고 있고 어딘가에 적극적으로 참여하고 있다는 증거인 까닭이다. 하지만 그 사실을 아는가? 스트레스는 건강에 해로운 수준이 아니라 치명적인 독이 된다. 아주 사소한 스트레스조차 육체를 상당한 흥분 상태로 몰아넣는다는 사실을 아는 사람들은 지극히 소수에 불과하다. 그다지 심각하지 않은 불쾌감, 예를 들어 아침에 주차할 장소 찾기, 끊임없이 자신을 신뢰하지 못하는 직장 동료, 원인을 알 수 없이 갑자기 다운되어버린 프로그램 등은 아드레날린을 방출시키고 혈압을 높이며 면역 시스템 기능을 떨어뜨리고 동맥을 막히게 한다. 작은 스트레스는 생각지 못한 순간 심각한 질병으로 빠르게 발전한다. 스트레스로 인해 생기는 대표적인 질병으로는 심근경색, 위궤양, 이명, 뇌졸중, 암과 당뇨병이 있다.

사라진 친절 한 가지 약속이 끝나자마자 다른 약속 장소로 이동해야 하고, 서둘러 오후에 있을 회의를 준비하고, 신경에 거슬리는 역겨운 인간들의 공격도 한껏 눌러주어야 하고, 점심시간이면 저녁 먹거리도 봐둬야 하는 사람들에게 타인은 흔히 방해가 될 때가 많다. 전화도 방해가 되고, 복도 한 구석에서 담소를 나누는 것도 시간을 빼앗기는 일일 뿐이며, 슈퍼마켓 계산대 앞에서 새치기를 하는 사람은 심지어 위협적으로 보이기까지 한다. 세상이 빨리 돌아가고 시간에 쫓길수록 우리는 마음을 편안하게 가지고 친절하게 행동하기가 쉽지 않으며 참고 인내하기란 더욱 어렵다. 미친 듯이 빨리 돌아가는 사회는 친절이라든가 배려하는 마음을 고려할 만큼 여유가 없는 것이다.

줄어든 행복 어느 순간부터 신문을 건성으로 넘기고 있거나, 존 그리샴과 같은 유명한 추리소설가의 신간조차 눈에 들어오지 않는다면, 또 평소에 좋아하는 바그너의 오페라 〈트리스탄과 이졸데〉 중 '사랑의 죽음'을 듣지만 이 음악을 듣는 것조차 고문처럼 여겨진다면, 스파게티와 프랄린 초콜릿(과일, 크림, 브랜디 등을 넣은 초콜릿 – 옮긴이 주)을 먹어도 더 이상 행복하지 않다면, 내가 너무 과로하고 있다는 확실한 증거다. 머릿속은 이미 가득 차 있고 내가 해야 할 일은 너무 많아서 삶의 아름다움과 행복감을 느낄 수 있는 여유가 없는 것이다.

단순하고 여유롭게 살고 싶지만 …

"너무 힘들어서 전부 때려치우고 싶다고요!"

물론 이렇게 큰 소리로 외치지는 않는다. 하지만 긴장한 상태로 계속 뭔가를 하는 것에 우리는 이미 지쳤다. 우리는 삶에서 의미 있는 것들을 하고 싶고 조금 더 재미있게 살고 싶다. 경제적 복지 외에도 내면의 부를 원하며, 능률과 분주함 외에도 사랑과 명상과 느림을 원한다.

소비생활에서 유행을 선도하는 사람들은 단순하고 여유롭게 살고자 하는 현대적인 성향을 알고 있다. 사치스럽게 보일 정도로 충분한 시간을 갖기, 건강에 좋은 식습관과 노동방식, 미니멀리즘과 삶의 균형과 같은 이슈는 21세기에 접어들어 이미 가장 중요한 라이프스타일로 자리를 잡았다. 그리하여 "소박하고 단순하며 명상과 관련한 모든 것은 앞으로 컬트Cult의 대상이 될 것이다"라는 예언 아닌 예언이 한 잡지에 실린 적이 있다.

광고계에서도 이와 같은 트렌드를 잘 포착하고 있다. 이를테면 "최대한 줄여라Reduce to the max"는 여러 가지 사치스러운 장치는 집어치우고 중요한 핵심 기능만 갖춘 자동차를 선호하는 사람들에게 호소하는 캐치프레이즈다. 캘빈클라인의 유니섹스 향수를 광고하기 위한 신선하고 복잡하지 않은 문구도 마찬가지다. "저스트 비Just be"는 그야말로 '네 자신이 되면 된다'라는 뜻이다. 유행에 민감한 소비자들은 오래 가고 환경친화적인 제품이 지닌 진정성에 빠진다. 패션계에서는 패션 디자이너들이 뉴로맨틱을 주창함에도 엄격한 옛 청교도 스타일과 눈에 잘 띄지 않는 색상이 변함없이 인기를 누리고 있다. 그리고 진심을 담아 생산한 식품을 원하는 소비자들이 눈에 띄게 늘어났다.

이렇듯 단순함과 느림 그리고 조화는 지나치게 자극적인 일상을 보완하는 요소로서 유행하고 있다. 목초지에서 방목하는 닭과 집에서 직접 만든 파스타, 꼭 필요한 가구만 들여놓은 집과 한적한 곳에 위치한 호텔, 인도 전통의 아유르베다 오일 마사지와 균형을 찾게 해준다는 에어로빅 등은 본질과 진실함에 좀 더 다가가기 위해 현대인들이 선택한 것들이다. 그밖에도 의

식 있는 사람들은 조용한 시골로 이사를 가고, 그곳에서 양념
으로 사용할 수 있는 약초와 토마토를 재배하고, 가공하지 않은
나무로 가구를 만들어 산다.

… 현실적이고 실현가능한 행복을 원한다

단순하게 사는 것이 정말 멋지고 편안할 수 있고, 나 역시 그
렇게 살고 싶다. 하지만 그런 삶이 과연 실제의 삶을 단순하게
만들어줄지는 의심스럽다. 중고 시장에서 구입한 물건들로 집
을 멋지게 꾸미든, 리넨이나 캐시미어 옷을 입든, 편안한 시골집
에 살든 상관없다. 우리가 분명히 알아야 할 사실은, '소박한 삶
이라는 사치'를 누리고자 하는 사람은 능력이 있어야 하고, 따
라서 시간이 많거나 그렇지 않으면 돈이 많아야 한다. 다시 말
해 단순하고 소박한 세계도 고도로 기술이 발달한 복잡한 세계
와 비교해 볼 때 우리에게 요구하는 것이 결코 적지 않다는 말
이다. 그럼에도 단순함의 미학은 외양상 좀 더 여유롭고 좀 더

느리게 살고자 하는 우리의 꿈에 근접한 것처럼 보이게 해준다.

그러므로 이 책에서는 그러한 여유롭고 단순한 삶을 중점적으로 다루지는 않을 것이다. 그보다는 점점 더 많은 성과를 내야 하고, 모든 요구를 충족시켜야 하며, 위로 더 올라갈 기회를 놓치지 말아야 한다는 압박감에서 벗어날 수 있는 방법을 주로 다룰 것이다. 즉, 배우자를 비롯한 가족, 건강, 여유 그리고 개인적인 관심사를 위해 시간을 더 가질 수 있는 방법을 다룰 것이다. 이는 우리가 삶에서 중요한 것을 위해 얽매이지 않는 자유로움과 시간을 가져야 한다는 의미이며, 바로 이것이 행복으로 가는 길이다. 완벽주의나 성과주의에 갇혀서 녹초가 된 삶도, 유토피아에서나 있을 법한 비현실적으로 단순한 삶을 말하는 것도 아니다. 이 둘을 조화롭게 만들어줄 '유연함의 태도'가 필요하다.

물론 이 이야기를 듣고서 이것이 과연 정말로 가능한지 의심을 하더라도 나는 놀라지 않을 것이다. 행복하게 사는 것은 잘 사는 것보다 어려울지 모른다는 당신의 생각은 옳다.

균형을 잃지 않는 '유연함'의 태도가 필요하다

당신의 생각이 옳다고 한 데는 충분한 이유가 있다. 우리 모두는 지금보다 더 많은 것을 누리고 더 많은 여유를 갖고 더욱 균형 있게 살기를 원하기 때문이다. 그렇지만 그렇게 살기 위해 우리는 사회에서 인정받는 것과 복지와 직업적인 발전마저 포기하고 싶지는 않다. 우리는 지금 하는 일을 그만두고 싶지도 않으며 그렇다고 자연으로 돌아가고 싶지도 않다. 싸구려 제품만 파는 허름한 슈퍼마켓에서 통조림을 사다 먹어야 하는 수준으로 전락하고 싶지도 않다. 겨우 입에 풀칠할 만큼만 돈을 버는 것은 나에게는 물론 당신에게도 그다지 매력적이지 않으리라 본다. 한편으로 성공은 스트레스를 동반하기는 하지만 또 그만큼 재미를 안겨주기도 한다.

우리는 다양한 선택을 할 수 있는 사회를 높이 평가하지만, 제공된 기회들 가운데 정작 우리가 실제로 선택하는 경우는 지극히 일부에 불과하다. 따라서 우리는 좋아하는 직업과 우리를 필요로 하는 가족 그 중간에서 그저 갈등을 할 뿐이다. 우리가 좋아하는 친구들과 읽고 싶은 책들 사이에서 갈등하고, 빠르게 움직이는 일상의 리듬과 조용하게 쉴 수 있는 여유로움 사이에서 갈등한다. 우리는 한 가지를 갖고자 하지만 다른 것도 포기하고 싶지 않다. 물론 양심의 가책을 받지 않고서 말이다.

우리는 케이크를 갖기만을 원하는 것이 아니라
실제로 그것을 먹고 싶어 한다.

이 책은 바로 그와 같은 점을 중점적으로 다룰 것이다. 다시 말해 이 책의 목적은 당신이 능률과 삶의 질, 복지와 행복, 성공과 자기발전을 서로 조화시킬 수 있는 라이프스타일을 개발하도록 돕는 데 있다. 당신이 원하는 대로 살 수 있게, 당신만의 유연함을 찾는 방법을 알려주고자 한다.

유연함의 태도는 소수의 일을 완벽하게 해내는 것보다 많은 일을 잘 다루는 것에 집중하는 삶의 철학을 가진다. 이것은 오해의 여지가 없을 정도로 분명하고 오래된 문제를 새로운 시각으로 바라볼 수 있게 해준다. 그러므로 우리에게 정말로 중요한 것들을 위해 시간과 공간을 마련할 수 있는 방법을 깨닫게 한다.

물론 통찰력만으로는 오래 가지 못한다. 우선 지나치게 높게 설정한 요구 사항들과 작별할 준비가 되어야 한다. 이런 처방은 실행하기 쉽지 않으며, 나 역시 예외가 아니다.

행복은 우리가 선택할 수 있다

"잘 지내죠. 하지만 늘 스트레스를 받으며 살아요."

나는 지난 몇 년 동안 사람들이 "어떻게 지내요?"라는 통상적인 인사를 하면 늘 그렇게 대답해왔다. 그런데 어느 날 형부가 "시간은 말이야, 있는 게 아니라 내는 거야"라고 한마디 던지는 것이었다. 당시 나는 그 말에 상당히 화가 났다. 몇 달 동안 정말 끔찍한 스트레스를 받고 있던 상태였던 까닭이다. 그런데 시간이 지나 그 말을 곰곰이 되새겨보았다. 사실 형부의 말은 맞는 말이었다. 세 가지 일을 동시에 떠맡겠다고 나선 것도 나였고, 일을 마감하는 시기를 지나치게 여유 없게 잡은 것도 바로 나였다. 나는 스스로에게 너무 많은 것을 기대했던 것이다. 물론 중요한 거래처를 잃고 싶지 않았고, 흥미로운 프로젝트를 포기하고 싶지도 않았기 때문이다. 어쨌거나 만성적으로 시간이 부족해서 허덕인 것은 타인이 아니라 나 스스로 선택한 결과였을 뿐이다.

당시 내가 분명하게 깨달은 점이 있다면 다른 사람의 지시에 따르면 오히려 살기가 편하다는 것이다. 물론 우리는 어떤 일을 해서든 먹고살아야 하고 책임을 떠맡지 않으려고 해도 그게 잘 되지 않는다. 만일 국가가 우리를 재정적으로 지원해주고, 회사가 근무 시간을 유연하게 조정해주고, 배우자가 우리를 좀 더 이해해준다면 얼마나 좋겠는가! 그런 일이 일어나기란 거의 불가능하겠지만 여기에서 분명한 점은, 우리가 사는 방식과 행복한 인생은 무엇보다 자신에게 거는 기대와 야망, 우리가 우선적으로 이루고자 하는 목표들과 관련이 있다는 것이다. 이를테면 각자가 살아가는 방식은 개개인의 사고방식과 지각, 즉 '태도'와 관련이 있으며 우리는 이를 바꿀 수 있다. 따라서 행복한 삶을 위한 조화로운 라이프스타일이란 개인이 노력한 결과라 할 수 있다.

어떻게 사느냐는 우리가 스스로에게 어떤 삶을 준비해두느냐,
어떤 태도로 살아가느냐에 달려있다.

가능성의 정글을 뚫고 가는 길

〈라인진LineZine〉의 발행인인 마샤 코너Marcia L. Connor는 다음과 같이 말했다.

"우리가 단순한 삶을 살지, 아니면 복잡한 삶을 살지는 아주 사소하지만 수많은 결정에 달려있습니다. 어떤 신문이나 잡지를 정기구독할지를 결정할 수 있고, 큰 집을 계속 소유할지 어떤 친구와 계속 관계를 유지할지를 결정할 수도 있어요. 하지만 그렇게 하지 않겠다는 결정도 내릴 수 있습니다."

행복하게 살기를 원하는 사람은 자신에게 무엇이 좋은지 깊이 생각하고 선택을 해야 한다. 또한 가능성이라는 정글을 헤치고 자신만의 길을 가야 하고, 매번 하는 "예"는 "아니오"라는 대답을 희생한 결과임을 받아들여야 한다. 능률과 삶의 질, 복지와 행복, 성공과 자기발전은 함께 나아가지만, 우리가 이것들을 서로 잘 연결시켜서 관찰해야만 그렇게 된다.

그래서 아주 작은 변화가 일어나더라도 효과가 큰 경우가 많다. 물론 작은 변화라 하더라도 그것이 올바르고 정당한 변화라는 전제가 필요하다. 어쨌거나 보다 행복하게 살 수 있는 기술은 단순화해 도표로 설명해줄 수는 없다.

우리는 각자 자신에게 적합한 길을 스스로 찾아야만 한다.

이렇게 살면 좋다는 충고나 자료들은 이 책에 충분히 들어있지만, 이런 충고를 실천에 옮기는 사람은 바로 당신 자신이다. 때문에 이 책으로부터 어떤 결과를 얻게 될지는 순전히 당신에게 달려있다.

당신은 이 책에서 제안하는 것들을 읽고 고개를 끄덕이며 몇 가지 제안을 시험해보고 난 다음 책을 다시 책장에 꽂아둘 수 있다. 처세술이나 삶에 관해 충고해주는 다른 자기관리 책들 옆에 말이다. 사실 그렇게 하면 편하다.

아니면 이 책을 읽는 도중에 제안을 연습해보고, 그 결과를 평가하고, 살아가면서 실제로 적용해보고 싶은 내용들을 기록해둘 수도 있다. 이런 방식으로 한 단계씩 당신만의 행복 전략을 개발할 수도 있다. 이것은 좋은 방법이다.

또는 우선 책을 끝까지 읽고 두 번째 읽을 때 실천할 내용들을 적어볼 수도 있다. 만약 당신이 행복한 삶을 위한 전략을 짜서 처음 성공을 거두었다면 한 번 더 책을 읽게 된다. 그러면 새로운 인식들을 다시 발견하게 될 것이다.

책에서 말하는 태도의 핵심은 '유연함의 기술'이라 할 수 있다. 당신은 여러 가지 가능성을 일종의 멋진 제안으로 받아들이면 된다. 그리고 유용한 것으로 보이는 제안은 직접 시험해보고, 이로부터 좋은 결과를 이끌어내 보아라. 미국의 유명 가수 프랭크 시나트라는 "멋지고 쉽게 해결하지"라고 노래 불렀다. 독일의 바이에른 지방 사람들은 "더 많이 살피면 더 많이 보인다"라고 했다. 이 책을 읽으면서 당신도 행복한 삶을 설계하는 유연함의 태도로 살아갈 수 있기를.

차 례

무엇이 나를 이끄는가

: 첫 번째 유연함의 태도 :

내적 동인 파악하기

사회는 자신을 한계까지 몰고 가도록 압박감을 준다. 높은 성과와 타인의 인정을 바라는 우리는 끝없는 스트레스와 긴장감 속에 살아간다. 보다 유연하게 살기 위해서는 지금 우리의 삶을 끌어가는 요인, 즉 내적 동인을 먼저 파악해야 한다. 그 동인을 따를지 말지 선택하는 것은 그다음의 일이다.

인생에서 원하는 것을 얻기 위한 첫 번째 단계는
내가 무엇을 원하는지 결정하는 것이다.

벤 스타인 Ben Stein

시간을 쓰고 쉼을 누리는 일이 우리에게 사치가 된 이유는 무엇일까? 주어진 24시간 안에 할 수 있는 일보다 더 많은 의무와 책임과 유혹들에 우리가 종일토록 둘러싸여 있기 때문이다. 회사의 구조조정, 크고 넓은 집, 아침마다 찾아 헤매는 주차장, 저녁마다 겪는 교통체증, 어린 자녀들, 스마트폰의 유혹, 요리를 잘 하고 싶은 욕구, 박람회, 학회, 관련 직종에서 하는 발표회, 재미있는 추리소설, 사회적 의무, 새로 쌓인 눈, 오페라 관람, 아이들 생일, 요가 수업…. 이 밖에도 여러 가지 일들이 더 있다.

알고 보면 스트레스는 우리가 자초한 것이다. 접시 안에 너무 많은 음식을 담아서 식사를 하는 모양이다. 먹을 만큼만 선별해서 담지 않는다. 우리는 때를 놓칠까 봐, 무언가를 잃어버릴까 봐, 실수로 망칠까 봐 두려워한다. 철학자 빌헬름 슈미트 Wilhelm Schmid는 "모든 스트레스는 한 번에 할 수 있는 일보다 훨씬 많은 일을 하려는 데서 생긴다"라고 경고한다.

즉, 우리는 어떤 상황이나 운명 때문에 스트레스를 받는 게 아니라 완벽한 성과를 내야 한다고 자신을 압박하고, 주변으로부터 100퍼센트 인정받기를 원하기 때문에 스트레스를 받는다. 그렇다면 우리는 주로 어떤 일에 압박감을 느끼는가? 스트레스에서 벗어나고 싶다면 자신을 행동하게 만드는 내적 동인 動因이 무엇인지 알아야 한다.

성과 추구형

33세인 외르크는 수학자로 바이에른에 있는 대학에서 조교로 일하고 있다. 그는 강의와 연구 외에 부수적으로 교수들의 연구지원비를 신청하는 일을 맡아서 하고 있다. 동료들이 논문을 쓰고 발표하는 일에 집중하는 동안, 외르크는 연구비를 지원하는 조직을 찾고 비용 계획을 짜고 돈의 지급과 인출 과정을 공부하면서 연구지원비 신청서를 철저하게 작성한다. 그의 이런 자발적 노력 덕분에 지난해만 하더라도 연구소에 일하는 교수들은 20만 유로 이상을 지원받았다. 그는 '연구지원비 신청의 전문가'라는 별명까지 얻을 정도가 되었다. 그야말로 철저하고 지독하게 꼼꼼한 그에게 어울리는 별명이었다.

다른 한편으로, 대학에서 근무하는 동료들 가운데 지난해 국제적인 학술대회에서 논문을 한 편도 발표하지 않은 사람은 외르크뿐이었다. 연구지원비 신청 과정에서 손톱만큼의 노력도 하지 않은 동료들이 연구비를 마음껏 사용하는 모습을 보자 외르크는 좌절감을 느꼈다. "미안하네, 서류 신청 같은 일은 내가 잘하는 일이 아니라서"라는 냉정한 대답만 돌아올 뿐이었다. 아내 역시 "당신이 원해서 한 일이잖아! 그러니 제발 백년 동안 공들여서 만드는 작품처럼 연구지원비 신청서에 그렇게 심혈을 기울이지 말라고!"라며 핀잔을 주었다.

최고의 성과를 내고자 하는 사람들은 결코 쉽게 살지 못한다. 어떤 실수도 인정하지 않고 늘 완벽한 결과를 내려는 사람에게 지속적인 혁신과 홍수처럼 쏟아지는 정보, 기술적인 가능성은 축복이 아니라 저주다. 오늘의 지식은 내일이면 벌써 낡은 것이 되어버리기 때문이다. 다양하고 모순되는 정보들에 둘러싸인 우리는 확실한 의견을 갖기가 힘들다. 사람들은 제목을 바꾸고 세부 내용을 보충하기 위해 워드, 파워포인트 또는 엑셀을 켠다. 꼼꼼하게 일을 처리하고 사소한 것을 수정하는 일, 마지막으로 서류를 빨리 읽어보는 것도 시간이 걸린다. 사실 이런 시간에 좀 더 중요하고 본질적인 일을 할 수 있는데 말이다.

결과에 집착하는 사람들은 적당히 일을 처리하지 못한다. 그들은 충분히 노력하지 않으면 성공하지 못한다는, 이른바 "노력이 없으면 대가도 없다"라는 속담을 자기 신조로 삼고 있다. 지독하게 일하고, 조사하고, 꼼꼼하게 정리하고, 숙고에 숙고를 거듭해야만 마음이 놓인다. 모든 가능성을 다 생각해보고 모든 걸 다 할 만큼 해봤다는 느낌이 들 때까지 말이다. 그렇게 하면 마음은 편할지 모르겠다. 하지만 실패한 일 역시 그렇듯 철저하게 준비했을 것이라는 사실도 상기해볼 필요가 있다.

죽을 만큼 힘들게 일하지 말고 똑똑하게 일하라.
똑똑하게 일한다는 것은 '생각할 시간'을 가지는 것이다.

따라서 성과를 추구하는 사람들은 성과가 아닌 능률을 높이는 방법을 배워야 한다. 즉 중요한 일과 중요하지 않은 일을 구분하고, 모든 일에 동일한 에너지를 쏟아붓지 않는 법을 찾아야 한다. 또한 오늘 좋은 해결책을 소개하는 것이 어쩌면 내일 완벽한 해결책을 소개하는 것보다 나을 수 있다는 사실을 기억하라.

인간관계 추구형

그래픽 디자이너인 안네테는 얀과 소피를 낳고 직장을 그만두었다. 하지만 소피가 이듬해 가을에 유치원에 들어가면 기획사에서 파트타임으로 일할 생각이다. 물론 안네테는 시간을 어떻게 낼 수 있을까 자주 생각한다. 그녀는 거의 매일 오후 아이들을 플루트 음악학원이나 재즈체조 학원, 피아노 학원에 데려다준다. 그러니 하루에 두세 시간 정도는 일할 수 있지 않을까 예상해봤다.

유치원 선생님이 학부모들에게 유치원 일에 적극적으로 참여하기를 계속 요구하지만 않는다면 안네테는 다시 파트타임으로 일할 수도 있을 것이다. 유치원에서는 비교적 큰 아이들을 박물관 견학시킬 때 따라가 줄 학부모를 찾는가 하면, 여름 파티를 준비하거나 크리스마스 장식을 도와줄 학부모를 찾는 경우도 많다. 안네테는 그런 행사에 별 관심이 없지만 함께 해야 할 때도 있다는 사실을 잘 안다. 그녀는 자녀들에게 무관심한 매정한 엄마로 취급받지 않기 위해 아침에 한 번 오후에 한 번, 건널목에서 교통 안내를 하겠다고 유치원 선생님에게 미리 알렸다. 선생님은 "어차피 얀을 유치원에 데려오고 데려가시잖아요"라고 말하며, 안네테가 학부모로서 힘든 일을 떠맡은 것은 아니라고 은근히 압박했다.

남편에게도 안네테는 달리 반박할 말이 없었다. 안네테의 남편은 해야 하는 일이 많을 때는 우선적으로 처리해야 할 일부터 해야 한다고 말하며, 이렇게 이야기했다. "어차피 우리 둘 중에 한 사람은 유치원 일에 참여해야 하잖아."

안네테처럼 인간관계를 매우 중요하게 생각하는 사람은 자신의 요구보다 다른 사람의 요구를 우선적으로 고려한다. 모두에게 인정받고 싶어 한다. 이런 사람들은 심지어 자신의 건강과 자존심, 직업상의 계획보다도 다른 사람의 요구를 더 우위에 둔다. 다른 사람들이 자신을 이용하도록 내버려 두는데, 스스로를 아이를 잘 돌보는 어머니, 이해심이 많은 아내, 적극적으로 일하는 직원, 창의적으로 문제를 해결하는 사람으로 여기고 싶은 까닭이다. 그러니 어떤 부탁이나 요구를 거절하는 일은 그와 같은 이미지에 부합하지 않는다. 인간관계 추구형은 이렇게 생각한다.

'그런 일은 당연히 해야지.'

'내가 누군가에게 이용 가치가 있다는 것은 멋진 일이야.'

'내가 좋아서 하는 일이야.'

세상을 구원하려는 사람들이 자신을 구원하려면

먼저 '거절하는 법'을 배워야 한다.

"아뇨, 나는 싫은데요."

"아뇨, 내 계획하고는 맞지 않네요."

"오늘은 안 되니 다음번에 하죠."

주변 사람들은 이와 같은 이기적 태도를 처음에는 매우 낯설고 불쾌하게 생각할지 모른다. 하지만 결국에는 그렇지 않다. 우리가 이렇게 한 번쯤 자신을 생각하는 시간을 갖는다고 해서 누군가의 사랑이나 박수갈채, 성공할 기회를 함께 잃어버리지는 않는다는 말이다.

완벽한 라이프스타일 추구형

결혼해서 10살 된 딸이 있는 게자는 함부르크에 있는 패션 회사의 판매부장이다. 그녀는 다른 사람들이 꿈만 꾸는 것을 실제로 이뤄냈다. 직업적으로도 성공을 거두었고 자신을 지지하고 응원해주는 가족이 있으며 개성 있게 꾸민 집도 있고 친구들도 많다. 겉으로 보면 그녀는 직장에서 주당 40시간 근무하고 아이 교육, 결혼생활과 문화적인 관심사, 사회적 지위 등의 문제를 힘들이지 않고 능란하게 처리하는 것처럼 보인다. 그녀의 수첩은 약속 시간으로 가득 차 있으며 매일 저녁마다 계획이 있고 주말이면 북적대는 마트를 재미있게 누비고 다니며 일요일 아침에는 남편, 딸과 함께 푸짐한 아침을 먹는 등 균형 잡힌 생활을 하고 있다. 직장에서도 완벽하고 집에서도 완벽하며 트렌드에도 빠삭한 그녀는 마치 출간되자마자 금세 매진되는 잡지처럼 멋진 삶을 살고 있다.

하지만 오로지 그녀 자신만은 이처럼 사는 삶이 점점 즐겁지 않다는 사실을 느낀다. 또한 자신도 지쳐서 기진맥진할 때가 있으며 올케언니가 부러울 때가 많다. 올케언니는 체중이 조금 늘어도 그리 심각하게 받아들이지 않으며, 특별한 음식을 준비하지 않고서도 손님을 불러 와인을 대접하기도 하고, 큰 딸아이가 보여주는 일탈 행위에도 그리 큰 의미를 두지 않는다. "우리도 10대 때는 그랬어, 괜찮아"라고 느긋하게 대응할 줄 아니까 말이다.

광고와 언론 매체는 우리에게 아주 매혹적이지만 따라가려면 힘든 라이프스타일을 선도적으로 소개한다. 옷을 하얗게 빨아서 입고 다닌다거나 빠른 속도를 내는 자동차를 몰고 다닌다고 해도 충분하지 않다. 오늘날 모든 분야에서 성공적으로 보이고 싶은 사람은 더 많은 것을 보여줘야 한다. 회의 때나 러닝머신으로 운동할 때도 건강한 모습을 보여줘야 하고, 잠자리에서의 기술은 물론 요리 솜씨도 좋아야 한다. 이것으로 끝나지 않는다. 최근에 사람들이 언급하는 문학 작품에 대해서 자신의 의견을 낼 수 있어야 하고, 주식시장의 전망과 근동 지방의 폭탄 테러에 대해서도 침묵해서는 안 된다. 그런가 하면 우리가 얻은 직업적인 성공은 자연스럽게 보여야 한다. 적어도 겉으로 보기에 힘들게 투쟁해서 얻어낸 것처럼 보여서는 안 된다. 의미를 찾고 창의적인 도전을 하다 보니 덤으로 생긴 수확물처럼 보이는 게 좋다.

이렇듯 타인들에게 시기심을 불러일으킬 정도로 힘들이지 않고 획득한 성공은 사실 알고 보면 지독하게 열심히 일한 결과일 뿐이다. 완벽한 라이프스타일을 추구하는 사람들은 겉으로는 여유 있고 태연하게 보이지만 언젠가는 내적인 균형을 잃고 만다. 과도한 명예욕에 사로잡힌 자화상과 자신에 대한 비현실적인 기대감으로 행동하다 보니 많은 것을 성취하지만 여기에서 만족하지 못한다. 그들은 더 많은 것을 원하게 되고 마침내 자신에 대한 요구들이 스스로를 파괴할 때까지 멈추지 않는다.

지금보다 조금 더 여유 있게 살기 위해 필요한 키워드
: 단순함, 느림, 다운시프트

만일 당신이 완벽한 라이프스타일 추구형이라면 요즘 나오는 캐치프레이즈들을 잘 알 것이다. 아마도 미래에는 좀 더 단순하고 느리게 살게 될 것이라고 생각할지도 모른다. 트렌드를 연구하는 사람들에 따르면, 적어도 소득 피라미드에서 상위 3분의 1에 속하는 사람들은 삶의 질이 높아진 덕분에 의식적으로 물질의 소비를 줄일 것이라고 한다. 이들은 조만간 물질의 소비를 줄이는 태도야말로 행복한 삶을 살고자 하는 꿈에 당연히 속한다고 믿게 될 것이다.

자극 추구형

38세인 경제전문가 파울은 인사팀장이 되기를 꿈꾼다. 그는 창의적이고 유연하며 융통성이 있고 활동적이고 위험을 즐기고 스트레스도 잘 견디는 편이다. 그에게 일은 세상 어떤 것보다 더 큰 재미를 안겨준다.

물론 회사에서 새 차를 제공하고 도전 의욕이 엄청나며 성공 여부가 불확실한 때에는 신나게 직장을 다닐 수 있다. 그럴 때 파울은 아이디어가 넘쳐나고 상사를 매혹시키고 동료들을 긴장하게 만들며 사무실을 신선한 활력으로 채운다. 하지만 1, 2년만 지나면 그의 열정은 무감각해지기 시작한다. 회사의 수익이 흑자로 전환되고 부서가 창의적으로 일하며 프로젝트가 알아서 잘 작동하면 이제 회사 일은 파울에게 그저 반복적으로 하는 작업이 되어버린다. 흥미는 사라지고 지루함이 찾아온다. 헤드헌트에게 전화 한 통화만 받더라도 파울은 다음에 일할 직장, 다음에 살게 될 도시, 다음에 새롭게 시도해볼 모험을 생각하느라 분주하다. "짧고 굵게 살자"가 파울의 신념이다.

자유와 모험을 추구하며 살아가는 파울에게는 지금까지 살아왔던 삶과 결별하는 일이 어렵지 않다. 하지만 그는 자신의 여자 친구가 무엇을 원하는지 알고 있다. 또래 친구들이 이미 이룬 것, 바로 결혼을 하고 출산을 하고 집을 장만하고 정착하여 뿌리를 내리고 사는 것이다.

인간이 진화하는 과정에서 신경 체계에는 두 가지 모순되는 충동이 생겨났다. 하나는 고요함과 긴장 해소를 원하는 쾌락이고, 다른 하나는 늘 새로운 체험과 인식을 추구함으로써 느끼는 기쁨이다. 하나의 감정 프로그램이 우리의 에너지를 아끼고 이미 저장되어 있는 것들을 보관하는 반면에, 또 다른 감정 프로그램은 우리가 계속 발전하고 현재의 자신을 능가하도록 채찍질한다. 이와 같은 유전적 지침은 모든 사람에게 있지만 동일한 수준으로 발달해있지는 않다.

파울처럼 모든 재미있는 경험을 다 해보고 싶은 자극 추구형은 지루함을 견디는 정도가 보통 사람들보다 현저하게 낮다. 스스로 살아 숨 쉬고 있으며 성공했다고 느끼기 위해, 이들에게는 다른 사람들보다 더 많은 긴장감이 필요하다. 직장에서, 연애할 때, 일상에서, 늘 똑같은 일들이 반복되면 그들은 한 사람에게, 하나의 프로젝트에 집중하지 못한다.

새로운 자극이 필요한 것이다. 물론 지금까지 느꼈던 자극을 넘어서는 자극이 필요하다. 예를 들면 예전보다 더 행복하다고 느끼게 해주는 연애, 수입이 더 많은 직장, 그리고 달리 행복해질 가능성이 없는 경우에는 아이를 원하게 된다. 절정의 감정은 강렬하기는 하지만 오래 지속되지는 않는다. 로맨틱한 연애와 번쩍번쩍 빛나는 감정은 머지않아 닳아버린다. 그러면 이 아드레날린 중독자는 또 다른 자극을 찾아 나선다.

자극 중독에서 빠져나오기 위해서는 새로운 경험과 마주했을 때 좀 더 오랫동안 지속하는 연습을 해야 한다.

당신은 지금껏 강렬하게 연애하고 일했는가? 그렇다면 이제 새로운 도전을 할 때가 되었다. 한 번쯤은 단거리가 아니라 장거리를 뛰면서 당신의 능력을 증명해보는 것이다. 그렇게 하지 않으면 고립되고 피상적인 체험만 하게 될 위험이 있다.

나의 내적 동인은 무엇인가

다행스럽게도 우리는 내적 동인에 스스로를 무기력하게 내맡기지 않는다. 나의 내적 동인이 어떤 것인지 먼저 안다면 그 동인을 지금과 같이 따를지, 아니면 그동안 자신을 채찍질했던 것들을 잠시 내려두고 휴식을 즐길지를 선택할 수 있다.

질문 ┄┄┄┄┄┄┄┄┄┄┄┄┄┄┄┄┄┄┄┄┄┄┄┄┄┄┄┄┄┄┄┄┄┄┄┄┄┄┄
다음 질문에 대답해보라. 당신을 움직이는 가장 강력한 내적 동인이 무엇인지 알게 될 것이다.

1. 당신의 성격 중 가장 긍정적인 특징은 무엇인가?
   - ■ 누구든 나를 신뢰한다.
   - ● 항상 누군가를 도와줄 준비가 되어 있다.
   - ◆ 문화적 소양 혹은 교양이 있다.
   - ▲ 대담하고 용기 있다.

2. 당신의 성격 중 특히 부정적인 특징은 무엇인가?
   - ● 타인의 영향을 잘 받는다.
   - ▲ 모험을 좋아한다.
   - ◆ 자신에 대한 요구의 수준이 높다.
   - ■ 지나치게 정확하려 한다.

3. 다음 중 어떤 말이 당신에게 가장 와닿는가?

   ■ 일이 우선이고 노는 것은 그 다음이다.

   ● 이용 가치가 있다는 것은 좋은 일이다.

   ▲ 위험이 없으면 재미도 없다.

   ◆ 모든 것이 가능하다. 따라서 원하기만 하면 된다.

4. 휴가 계획을 잡을 때 당신의 모습은 어떠한가?

   ● 가족 모두가 만족할 수 있도록 배려한다.

   ■ 여행사가 제공하는 카탈로그를 조사하고 꼼꼼히 비교해보고 조기 예약자들을 위한 할인 혜택을 이용한다.

   ◆ 낭만적인 분위기가 특히 중요하다.

   ▲ 휴가 계획이라고요? 당신에게 이런 단어는 다른 나라 말처럼 들린다. 그 전에 늘 무슨 일이 생기니까.

5. 직장에서 당신은 어떤 사람인가?

   ◆ 공정하고 창의적이며 다방면으로 능통한 사람으로 여겨진다.

   ■ 분석적이고 능력이 있으며 전문가로 통한다.

   ● 인정이 넘치고 팀워크에 능숙하며 화합을 잘 이끄는 사람으로 인정받는다.

   ▲ 융통성 있고 긍정적이며 혁신가의 기질이 있다고 생각된다.

6. 저녁에 집에 혼자 있을 때 당신은 무엇을 하는가?

   ▲ 인터넷을 하거나 스마트폰을 본다.

   ■ 전공서나 실용서를 읽는다.

   ◆ 소설이나 교양서를 읽는다.

   ● 전화를 한다.

7. 당신은 인기가 있다고 생각하는가?

● 그렇게 되려고 노력은 한다.

▲ 그렇지 않을 이유는 없다.

◆ 모든 사람에게 인기가 있지는 않다. 다만 나에게 중요한 사람들은 나를 높게 평가한다.

■ 나는 외톨이에 가깝다.

8. 그동안 당신의 경력을 되돌아본다면?

■ 목표를 향해 매진했다.

▲ 모나고 날 선 모습을 보여주었다.

◆ 흥미로운 실습과 외국 체류 경험 등으로 다른 사람과 차별화했다.

● 주로 쉬운 일만 하고 있거나 쉬운 일을 하려 한다.

9. 갑자기 내일 아침 중요한 발표를 해야 한다는 연락을 받았다. 준비할 시간이 별로 없는데 당신은 어떻게 그것을 보완하겠는가?

◆ 즉흥적으로 설득력 있는 서너 장의 서류들을 준비하고 참석자들에게 빵을 나눠준다.

▲ 아무것도 준비하지 않는다. 그런 압박을 받으면 오히려 좋은 성과를 낸다.

● 동료에게 발표 준비를 도와달라고 부탁한다. 물론 나도 동료가 그런 부탁을 하면 당연히 도와줄 것이다.

■ 배우자에게 잠시 외출해달라고 부탁하고, 발표할 서류를 철저하게 준비한다.

10. 만일 다른 지역에 있는 잘 나가는 회사에서 스카우트 제의를 받았다면 같이 사는 가족에게 어떻게 말할 것인가?

● 가족이 다 같이 이사하는 것은 기대할 수 없으므로 그 제안을 거절할 것이다.

■ 다른 도시의 환경과 학교시설, 부동산 등에 관해 잘 알아본 다음 어떤 제안을 받았는지 가족에게 분명하게 말한다.

▲ 우리 가족은 인생에 다시 없을 이 기회를 내가 결코 놓치지 않을 것이라는 사실을 잘 알고 있다.

◆ 우리 가족에게는 삶의 질이 가장 중요하다. 함께 앉아서 내가 새로운 직장을 갖게 되었을 경우의 장단점에 관해 꼼꼼히 따져볼 것이다.

당신이 대답한 것 중에서 어떤 모양이 가장 많은가?

평가

■ 성과 추구형

장점 누구도 당신처럼 하기란 쉽지 않다. 조직적이며 적극적이고 최대한의 정보를 가지고 당신은 늘 완벽하게 과제를 해결한다. 그렇게 할 만한 가치가 있다. 당신은 충분히 생각한 끝에 충고하며, 누구보다도 일을 잘하고, 투자를 하면 반드시 수익을 올린다. 자신이 원해서 일하기 때문에 취미 생활보다는 일을 함으로써 더 큰 만족감을 느낀다.

보완할 점 당신은 놀라울 정도로 정확하게 일을 하는 까닭에 즉흥적으로 무슨 일을 벌이거나 문제를 빨리 해결하지는 못한다. 이루지 못할 목표를 위해 노력하는 대신 다양한 요구들을 차별화해서 처리하는 법을 연습하면 좋다. 그러니 노력해야 하는 일이 생긴다면 그때마다 이런 질문을 해보라. "내가 노력할 만큼 이 일은 가치가 있는가?" 그리고 우리가 살고 있는 복잡한 세상에서는 때로 실수를 저지를 수 있는 용기가 무결점보다 더 중요하다는 사실을 기억하라.

● 인간관계 추구형

장점 당신은 굳이 앞장서는 사람은 아니다. 하지만 사람들이 필요로 할 때 당신은 그곳에 있다. 그런 당신을 사람들은 협조적이고 사교적이며 이해심이 깊은 사람으로 평가한다. 그래서 당신을 파도가 치는 가운데 꼿꼿이 서 있는 바위, 부서의 기둥으로 생각하고 이사할 때나 소득세 신고를 할 때, 그밖에 모든 힘들고 부담스러운 일이 생기면 당신에게 도움을 요청한다. 당신은 남에게 신뢰감을 주고 공감을 잘하며 가족은 물론 주변 사람들과도 탄탄한 관계를 유지하고 있다.

보완할 점 주변 사람들에게 인정받고 인기를 얻는 것은 당신에게 매우 중요하다. 때문에 당신은 모든 사람에게 잘해주려고 한다. 다른 사람들에게 실컷 이용당하고 과도한 짐을 떠안게 되더라도 말이다. 당신은 이런 모순을 해결해야 한다. 자신의 관심사에 따르고, 한계를 정해두며, 한 번쯤 물길을 거슬러서 수영하는 연습을 해보라. 그리고 좋은 일을 하기 전에 스스로에게 꼭 이렇게 물어보라. "내가 원하는 게 뭐지?"

◆ 완벽한 라이프스타일 추구형

장점 기본적으로 당신은 균형 잡힌 삶을 살고 있다. 유행과 트렌드를 알고 있으며 성공과 자기 발전, 아이들과 직장, 소비와 문화, 삶의 즐거움과 라이프스타일을 탁월하게 조화시키면서 살아간다. 당신은 자신과 관련된 것을 잘 알고 있으며, 자기 삶에 대한 책임을 다른 누구에게도 떠맡길 수 없다는 점을 잘 알고 있다.

보완할 점 당신의 활동 영역은 균형이 잡혀있지만 24시간밖에 없는 하루 동안에 모든 일을 다 하려면 벅찰 정도로 많다. 너무 많은 활동을 하다 보니 삶이 피상적으로 흘러갈 수 있다. 이를테면 마음속 깊은 곳에 있는 감정은 포기하게 되고, 현상이 본질을 결정해버릴 수 있다는 뜻이다.

당신이 현재의 사회적 지위에 만족하는지 또는 언론 매체에서 떠들어대는 삶의 모습을 쫓아다니는 것은 아닌지 솔직하게 자문해보라. 원하는 모든 것을 한꺼번에 해결하는 것보다 차라리 몇 가지는 나중으로 미룬다면 훨씬 더 잘 살 수 있을 것이다. 새로운 프로젝트를 앞두고 있을 때마다 스스로에게 이렇게 물어보라. "이 일은 의미가 있을까? 아니면 흐트러짐 없는 삶의 모습을 갖추기 위해 하는 것일까?"

▲ 자극 추구형

장점 당신은 오늘날의 관점에서 능력자의 전형이다. 용기 있고 낙관적이며 위험을 감수할 준비가 되어 있는 사람이다. 반복 작업, 확실성이나 절제라는 말은 당신과는 아무런 상관이 없다. 그러다 보니 당신의 인생에는 흥미로운 굴곡이 보인다. 이를테면 이직, 잦은 이사, 해외 체류, 열정적인 연애 등이다. 일은 당신에게 도전이자 모험이다. 살아있다고 느끼기 위해 당신에게는 개인적인 자극이 필요하다.

보완할 점 당신은 어떤 것에 빨리 몰두하지만 그 열정이 그만큼 빨리 식어버린다. 뭔가를 반복하거나 가만히 정체된 상태는 당신을 초조하게 만든다. 그래서 반사적으로 다른 일 또는 다른 애인을 찾는 경향이 있다. 이렇듯 당신은 끝도 없이 자극의 강도를 높이고자 한다. 하지만 그러다 보면 당신의 삶을 든든한 기초 위에 세워둘 시기를 놓쳐버리고 만다. 그러므로 직장생활과 가정생활을 다채롭고 열정적으로 구성해서 가능하면 지루하지 않도록 하는 게 해결책이다. 그리고 자극은 휴가 때나 스포츠를 즐기면서 느끼면 좋다. 인생에서 중요한 결정을 내리기 전에 자신에게 이렇게 물어보라. "이 결정으로 나에게는 어떤 결과가 나올까? 멋진 삶일까, 아니면 또 다른 자극일까?"

2장

조화롭게 살고 있는가

삶을 분석하기

삶이 적절한 조화를 이루고 있는지 균형이 깨지지는 않았는지, 더 나은 대안은 없는지 점검하는 태도는 우리의 목표와 가치를 뚜렷하게 알게 해준다. 이번 장에서 제시하는 포트폴리오 관리 이론을 활용하여 삶을 조금 더 밀도 있게 분석해보라. 이 과정을 통해 우리의 삶은 훨씬 좋은 쪽으로 변화할 수 있다.

●

그동안 우리에게 가장 큰 피해를 준 것은
'지금껏 항상 그렇게 살아왔어'라는 말이다.

그레이스 호퍼 Grace Hopper

●

불가능은 없다고 사람들은 말한다. 맞는 말이다. 우리에게
주어진 기회와 가능성은 과거 어느 때보다 많다. 결혼을 할 수
도 있고 혼자 살 수도 있고, 시골에서 살 수도 있고 대도시에서
살 수도 있으며, 외과의사가 될 수도 있고 합창단의 지휘자가
될 수도 있다. 직장에 계속 다니거나 그렇지 않으면 직장을 그
만두고 아이를 가질 수도 있으며, 직업적 경력을 위해 모든 것
을 바치거나 더 많은 개인 시간을 보낼 수도 있다. 이렇듯 이론

적으로는 모든 것을 할 수 있을 것 같다.

물론 몇 가지 생각해야 할 중요한 사항들이 있다. 20대에는 세계 곳곳을 여행 다니거나 클럽이나 술집에 가며 즐거운 시간을 보낸다. 30대에는 일의 경력을 쌓고, 배우자, 내 집 마련, 자녀 계획 등을 생각해야 한다. 그러다 40대가 되면 후배들을 위해서 기꺼이 길을 비켜주는 좋은 인생의 선배가 되어야 한다. 그리고 50대 이후에 우리는 더 이상 나이를 염두에 두지 않고 살아간다.

기회라는 말은 매혹적으로 들리고 꿈은 언제나 높은 곳에 있다. 그래서 검증된 적도 없는 완벽한 삶을 향해 무조건 달려가는 사람은 그렇게 잘 살지 못한다. 그런 사람은 귀가 솔깃해지는 온갖 가능성 사이에서 이리저리 헤매다가 어려움에 부딪히거나, 일만 계속 반복하다가 지나치게 과로하여 급기야 쓰러질 수도 있다. 이는 우리가 본질적인 것을 잃어버렸다는 증거다. 삶에서 중요한 것을 상실한, 그래서 삶에 대해 다시금 진지하게 생각해야 하는 시기가 찾아왔다. 이번 장에서는 그에 필요한 자극과 수단을 찾아 잃어버린 삶의 균형을 조화롭게 맞추어 나갈 수 있을 것이다.

어떻게 조화로운 삶을 살 수 있는가

하염없이 쳇바퀴를 돌고 있는 다람쥐는 목표가 없다. 그리고 앞을 내다볼 전망도 없다. 반복되는 일상생활을 하고 있는 사람들 역시 이와 비슷하다. 잠시 멈추고 돌아볼 시간도 없고, 조용히 생각해볼 힘도 없다. 새로운 길을 가보려면 자기 성찰과 분명한 목표가 반드시 필요하다. 조화로운 삶이란 게 10분 안에 이루어질 수는 없기에 말이다.

이때 해볼 수 있는 건 뭘까? 그건 바로 일상에서 벗어나는 일이다. 물론 이야기 상대 없이 혼자 떠나는 게 좋다. 시간 관리 전문가인 로타르 자이베르트Lothar J. Seiwert에 따르면 일주일 정도 혼자만의 시간을 갖거나, 여건상 그것이 힘들다면 적어도 주말 동안만이라도 조용한 장소에 혼자 머무르는 게 좋다고 한다. 예를 들어 한적한 시골의 민박집이나 여행을 떠나 비어있는 친구의 집, 또는 사찰 같은 곳에 머무는 방법이 있다. 명상에 잠기고, 오랫동안 등산을 하거나 고독하게 산책을 하다 보면 분명 지금껏 살아온 자기 삶을 정리하고 앞으로의 목표들에 대하여 숙고할 수 있다.

하지만 솔직히 말해서 바쁜 삶에서 모두가 그렇게 하기에는 부담스럽다. 당장 나만 해도 그렇다. '그럴 시간이 어딨어?'라고 얘기할지도 모른다. 게다가 우리는 집착적 성공과 완벽주의에서 벗어나 삶을 좀 더 쉽게 만들려는 것이지 더 힘들게 살려고 하는 게 아니다.

따라서 나는 훨씬 실행하기 쉬운 방법을 제안하고자 한다. 우선 특정한 날의 오후나 저녁 시간을 정해서 전화도 받지 않고, 아이들도 어디로 좀 보내고, 텔레비전도 시청하지 않도록 한다. 이렇듯 방해 요소를 모두 제거한 뒤에는 깨끗하게 치운 편안한 방과 연필, 기록할 수 있는 공책만 있으면 된다. 물론 원한다면 조용한 음악을 듣거나 향기가 나는 초를 켜거나 따뜻한 차를 마셔도 된다. 당신이 편안하게 느낄 수 있는 분위기만 조성하면 된다는 뜻이다. 돈을 계좌 이체한다거나 봄부터 미뤄두었던 집 대청소를 하는 게 아니라, 정말 조용한 상태에서 자신의 삶을 깊이 생각해보는 것이다. 이렇게 말이다.

'내가 정말 원하는 것은 무엇인가?'

'내게 중요한 것은 무엇인가?'

'나는 행복과 성공을 어떤 식으로 이해하는가?'

당신의 목표와 가치를 탐색하라

당신은 다음과 같은 질문을 언제 마지막으로 해보았는가? "삶에서 내게 중요한 것이 무엇인가?" "무엇이 내게 성취감을 주고 내 가슴을 뛰게 하고 앞으로 나아가게 하는가?" "무엇이 내게 힘을 주고 나는 무엇에서 자아를 찾을 수 있는가?" "내가 가장 재미있어하는 것은 무엇인가?" "만일 가사 도우미를 쓴다면 내일 그리고 내년에는 어떻게 살고 싶은가?"

다음 목록을 이용하면 당신의 목표와 가치들을 알아볼 수 있다. 제시된 삶의 영역과 목표들 가운데 성공한 삶에 필요한 것으로 보이는 요소 5가지를 체크해보라.

• 모험, 리스크	• 사랑
• 존경, 특권	• 대중매체(TV, 컴퓨터, 인터넷 등)
• 직업적 성공	• 자유롭게 이동하기
• 직업적 만족감	• 음악
• 책, 독서, 문학	• 자연 체험
• 축제, 모임	• 배우자
• 가족	• 정치활동
• 경제적 독립	• 여행
• 친구	• 성생활
• 돈, 복지	• 봉사활동
• 건강, 편안함	• 운동, 스포츠
• 신앙, 의식 있게 살기	• 대학, 지속적인 교육
• 멋있는 외모	• 느긋하게 살기, 푹 쉬기

• 집, 정원	• (자신을 둘러싼) 환경
• 집안일	• 가족을 위한 시간
• 사회적 지위	• 나를 위한 시간
• 자녀	• 배우자와 함께하는 시간
• 창의적 활동 (그림 그리기, 글쓰기, 노래 등)	• 자녀들과 함께하는 시간
• 문화생활(연극, 영화, 연주회 등)	• 여가

지금 당신이 현실적으로 처해있는 형편과 목표가 일치하지 않더라도 그 것과 상관없이 당신이 원하는 목표를 선택하면 된다.

정직하게 대답하는 게 중요하다. 만일 현재 당신에게 아이들보다 직업적인 발전이 더 매력 있어 보이고, 배우자보다 아이가 더 중요하며, 꼬박꼬박 돈을 저축해 언젠가 시골에 아늑한 집을 지어 노후를 편안하게 살 것이라는 상상보다 지금 당장 멋지게 살고 싶다면, 인생 계획을 짤 때 그 와 같은 요소를 당연히 고려해야만 한다.

다시 한번 5가지 목표를 추가적으로 더 선택해보라. 이번에는 당장은 아니더라도 이상적인 조건이 갖춰지면 정말 하고 싶은 일로, 가장 중요하지는 않더라도 규칙적으로 실행하고 싶은 목표라고 할 수 있다.

포트폴리오 관리 이론

"아무 걱정 말고 투자하세요. 귀찮은 일은 모두 저희가 해결해드립니다.”

은행은 이렇게 약속한다. 유가 증권에 어떻게 투자할지와 같은 문제는 다른 누군가에게 위임하면 된다. 투자 상담가는 우리와 함께 자산 상태, 투자 전망, 기대 수익과 리스크에 대해서 분석한다. 자산관리인은 개별종목 투자와 펀드 상품, 토지와 환율, 채권과 주식을 모두 조합해서 최적의 투자 전략을 제시한다. 펀드매니저는 수익을 올리는 종목은 유지하지만 손해를 입히는 종목은 퇴출시킨다.

하지만 우리의 인생을 그와 같이 관리해줄 사람은 없다. 아무도 우리를 대신해 우리 개인의 욕구와 소망을 밝혀줄 책임을 떠안지 않는다. 그 누구도 우리에게 정신적인 욕구와 육체적인 욕구, 직업과 가족, 우리를 위한 시간과 다른 사람을 위한 시간, 이상적인 가치와 물질적인 욕망을 균형 있게 유지할 수 있는 방법을 가르쳐주지 않는다. 그리고 우리 삶의 구조를 분석할 수 있는 수단을 손에 쥐어다 주는 사람도 없다.

자산관리 전문가들은 재정 분석을 위해서 몇 가지 도구를 사용한다. 그중 ‘포트폴리오 관리’라는 게 있는데 보스턴에 있는 자산관리 컨설팅 그룹이 고안해낸 개념이다. 포트폴리오는 원래 ‘손가방’이라는 뜻이지만 은행과 금융권에서 일하는 사람들은 한 다발의 유가증권으로 이해한다. 투자 자금을 잘 조합하여 리스크를 분산하기 위해 개발한 것이 포트폴리오 관리 이론이다. 그러니까 단 한 가지 주식이나 채권을 위주로 투자하는 게 아니라 다양한 투자를 적절하게 배합하는 투자 방식을 말한다.

'삶의 포트폴리오' 사용법 1: 분석하기

사실 포트폴리오 관리는 굳이 재정 관리에 제한해서 사용하지 않아도 된다. 포트폴리오 형식을 약간만 변형하면 삶의 다양한 측면들이 어떻게 상호작용하는지 정확하게 분석할 수 있다.

우선 포트폴리오 요소들을 나열해보자. 각자 처한 상황에 따라 약간씩 다르겠지만 건강, 직업, 배우자, 가족, 취미, 자신을 위한 시간, 사회 활동 참여 등이 이에 속할 것이다. 말하자면 당신이 현재 동시에 떠맡고 있는 일이나 역할, 의무 등을 말한다. 이와 같은 요소들을 빈칸에 기입하면, 당신의 노력으로 성공할 가능성을 말해주는 노력-성공 도표에 네 가지 영역이 나온다. 즉 내가 신경 쓰고 있는 요소, 삶에서 중요한 요소, 내가 소홀히 여기는 요소, 저절로 잘 돌아가는 요소다.

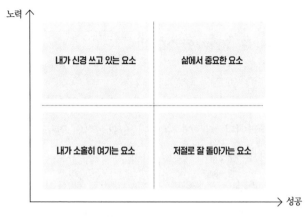

노력

| 내가 신경 쓰고 있는 요소 | 삶에서 중요한 요소 |

| 내가 소홀히 여기는 요소 | 저절로 잘 돌아가는 요소 |

성공

네 가지 영역으로 분석하는 '삶의 포트폴리오'

포트폴리오 도표에서 어떤 영역에 무엇을 기입하는지는 사람마다 다를 것이다. 삶에서 시간과 감정, 사유적인 노력을 얼마나 기울이는지, 얼마나 성공했으며, 즐거움을 누리며, 사회적 인정을 받고 있는지 등에 달려있다.

내가 신경 쓰고 있는 요소 여기에는 현재 당신의 신경을 곤두세우게 하는 요소가 포함된다. 예를 들어 회사 합병 후 위태로워진 일자리, 힘든 대학원 과정, 위기에 접어든 결혼생활, 사춘기를 맞은 딸, 포기할 것도 많고 지속적으로 해야 하는 다이어트가 있다. 이 영역은 에너지가 많이 들고 결과가 어떻게 될지도 모른다. 삶에서 중요한 요소가 될 수도 있고 소홀히 여기는 요소가 될 수도 있다.

삶에서 중요한 요소 당신이 삶에서 마음을 조이며 긴장하게 되는 영역이다. 최근에 사귄 애인, 혁신적인 연구 프로젝트, 주택 건축, 갓 태어난 자녀, 기회, 책을 집필하는 일 등이다. 제대로 관리만 잘 한다면 앞으로 '저절로 잘 돌아가는 요소'가 될 것이다. 하지만 그렇게 되기 전에 이 영역은 엄청난 에너지와 주의집중이 필요하다.

내가 소홀히 여기는 요소 당신이 부담감을 느끼거나 소홀히 하는 영역이다. 이를테면 불행한 인간관계, 마음에 들지 않는 직업, 대화가 통하지 않는 자녀, 자신을 따돌리고 괴롭히는 직장 동료 등이다. 퇴사, 별거, 이혼 등의 극단적인 해결책이 올바른 선택일 수 있지만, 그런 결정은 고통스러우며 항상 내릴 수 있는 것도 아니다.

저절로 잘 돌아가는 요소 이 영역은 특별히 신경을 쓰지 않더라도 당신에게 힘을 실어주는 삶의 영역이다. 배우자와의 탄탄한 관계, 편안한 집, 좋은 친구, 말썽을 피우지 않고 잘 자라는 자녀 등이 있다. 이런 요소가 많으면 많을수록 살아 가는 데 그만큼 더 큰 활력을 얻는다.

빈칸을 채운 뒤 살펴보면 당신의 에너지를 빼앗아가거나 당신에게 에너지를 주는 요소가 어떤 것들인지 알 수 있다. 포트폴리오 도표는 우리의 삶이 얼마나 충만하고 균형이 잘 잡혀 있는지를 분명하게 보여준다. 또 어떤 영역을 소홀히 하는지, 과도하게 의미를 두고 있는 것은 아닌지 점검해볼 수 있다.

'삶의 포트폴리오' 사용법 2: 해석하기

지금껏 다룬 내용은 단지 이론에 불과하다. 앞에서 소개한 완벽한 라이프스타일 추구형이었던 함부르크 디자이너 게자의 경우를 살펴보며, 실제로 포트폴리오 분석이 어떻게 이루어지는지 알아보자.

게자는 자신의 삶에서 가장 중요한 영역으로 남편, 딸, 직장, 외모와 건강, 좋은 집, 책과 음악 그리고 영화에 대한 관심이라고 말했다. 그밖에 지금까지 부족했던 요소인, 자신을 위한 시

빈칸을 채운 '삶의 포트폴리오'의 예

간을 좀 더 가졌으면 좋겠다고 밝혔다. 이와 같은 요소들을 그녀는 네 영역으로 나뉜 삶의 포트폴리오에 채워 넣었다. 그리고 다시 한번 곰곰이 생각한 뒤 친구, 부모, 돈이라는 요소를 포트폴리오에 보충했다.

이로써 게자의 포트폴리오는 완벽해졌지만, 삶의 속도를 좀처럼 줄일 수 없는 사람처럼 보이기도 한다. 그녀는 대부분의 영역에서 큰 성공을 거두고 있으며, 이렇게 되기까지 삶에서 얻는 에너지보다는 쏟아부은 에너지가 훨씬 더 많았을 것이다.

이제 포트폴리오 도표를 영역별로 살펴보기로 하자. 가장 먼저 눈에 띄는 것은, 게자에게는 '삶에서 중요한 요소'들이 많아도 너무 많다는 점이다. 이 영역에 속하는 요소들은 긴장의 끈을 놓을 수 없다. 우리를 희망에 부풀게 하는 만큼 삶의 본질을 갉아먹기도 한다. 지속적으로 두 가지 이상의 '삶에서 중요한 요소'를 가지고 있는 사람은 이것으로 인해 스트레스를 받는다고 해도 놀랍지가 않다.

하지만 이보다 게자를 더욱 힘들게 하는 건 온 열정을 바쳐야 하는 '삶에서 중요한 요소'는 많은데, 가만히 두어도 저절로 잘 돌아가는 요소는 단 하나밖에 없다는 점이다. 다시 말해 소비하는 에너지보다 얻는 에너지가 더 많은 요소는 유일하게 남편뿐이다. 가족, 문화생활, 외모와 같은 요소에서 조금만 욕심을 줄인다면 게자는 지금보다 훨씬 균형 있는 삶을 살 수 있을 것이다.

게자의 삶에는 '내가 소홀히 여기는 요소' 두 가지가 있다. 바로 건강과 자신을 위한 시간이다. 이는 다른 사람들의 삶에서도 흔히 볼 수 있는 현상이다. 이 두 가지는 육체적인 편안함과 정신적인 건강을 위해 반드시 필요하다. 그러므로 이 두 가지를 제쳐두기란 불가능하며 오히려 그것을 위해서 시간과 노력을 투자하는 것이 유일한 전략이다.

그렇게 심각하지는 않지만 그래도 삶의 포트폴리오에서 개선해볼 수 있는 점이 있다면 부모님과의 관계다. 게자는 커리어 때문에 딸아이를 잘 돌보지 않는다는 핀잔을 부모님께 자주 듣는데, 그로 인해 요즘 스트레스가 심하다. 물론 평소에 부모님을 잘 이해하는 편이기는 하지만 또 막상 그런 말을 들으면 쉽게 상처를 받는다. 돈에 대해서도 비판적이다. 그녀는 "우리는 많이 벌지만 또 그만큼 많이 써요"라고 말한다.

우리 삶의 포트폴리오를 그려보자

이제 당신의 차례가 되었다. 현재 당신이 어떻게 살고 있는지를 떠올리며 삶의 포트폴리오를 그려보는 것이다. 당신의 삶에서 어떤 활동, 어떤 사람, 어떤 가치, 어떤 관심이 중요한가? 바로 이와 같은 것들이 당신의 포트폴리오를 구성하는 요소가 된다.

빈칸에 써넣기 전에 스스로 이렇게 질문해보면 좋다. "나에게 가장 많은 부담을 주는 것은 무엇일까?" "나는 무엇에 시간을 쏟고 관심을 기울이며 또 무엇을 과도하게 생각하는가?" "현재 소소하게나마 관심을 기울이거나 또는 관심을 전혀 갖지 않는 부분은 무엇인가?" "나는 어떤 영역에 많은 에너지를 소비하는가?" "특정 영역에서 거둔 성공이 과연 노력할 만한 가치가 있는 것인가?"

만약 어떤 영역이 특별히 중요하다는 표시를 하고 싶으면 동그라미를 그리거나 글씨를 크게 써서 강조하면 된다.

노력 ↑

내가 신경 쓰고 있는 요소	삶에서 중요한 요소
내가 소홀히 여기는 요소	저절로 잘 돌아가는 요소

→ 성공

결과 해석

▶ 눈에 띄게 적은 항목(3~4가지)이 있다

당신은 아주 적은 분야에만 집중한다. 그중에서 하나가 무너지면 남는
게 별로 없다.

▶ 눈에 띄게 많은 항목(10가지 이상)이 있다

당신은 복잡하고 다양한 삶을 살고 있다. 에너지를 낭비하고 있는 것은
아닌지 또는 과도한 요구를 받고 있는 것은 아닌지 자문해보라.

▶ '삶에서 중요한 요소' 또는 '저절로 잘 돌아가는 요소'는 0~1개이고,
'내가 소홀히 여기는 요소'만 많다

당신은 모든 에너지를 단 한 가지 영역에 쏟고 그밖에 다른 모든 것은 소
홀히 한다.

▶ '내가 신경 쓰고 있는 요소'가 절반 가까이 되거나 혹은 그 이상이다

'내가 신경 쓰고 있는 요소'는 해석하기가 가장 어렵다. 미래를 위한 투자

라고 볼 수도 있고 상처받은 부분이라고도 볼 수 있다. 20대에서 30대 중반까지, 즉 아직 많은 것들이 결정되지 않은 시기에 이렇듯 힘들게 하는 요소가 많은 것은 정상이다.

▸ '내가 소홀히 여기는 요소'가 절반 가까이 되거나 혹은 그 이상이다
삶에서 지나치게 많은 것을 소홀히 하거나 부담스러움을 느끼고 있다.

▸ '삶에서 중요한 요소'가 절반 가까이 되거나 혹은 그 이상이다
당신은 성공도 많이 거두었지만 스트레스도 그만큼 많이 받는다.

▸ '저절로 잘 돌아가는 요소'가 '내가 신경 쓰고 있는 요소'나 '삶에서 중요한 요소'보다 훨씬 많다
당신은 많은 성공을 거두었지만 스트레스는 별로 없다. 당신의 삶은 순탄하다. 하지만 지금보다 더 많은 자극을 원하고, 안일해지기보다는 자신에게 좀 더 많은 요구를 하고 있을지도 모른다.

▸ '저절로 잘 돌아가는 요소'가 '내가 신경 쓰고 있는 요소' 또는 '삶에서 중요한 요소'와 비슷한 만큼 있다
당신은 이미 행복한 인생을 살고 있으며 삶에서 적절한 조화와 균형을 이룰 줄 안다.

물론 삶의 영역을 적절하게 분배하는 기준 같은 것은 없다. 누구도 당신에게 어떤 요소가 당신의 삶의 영역에 포함되어야

한다고 강요할 수는 없다. 우리가 살아가면서 처하는 상황들이 너무나 개인적이기 때문이다.

그렇지만 이렇게 삶의 포트폴리오를 분석하고 해석하는 과정에서 우리는 인생을 균형 있게 살아가는지 그렇지 않은지를 알 수 있다.

자, 이제 다시 한번 게자의 경우로 돌아가 보자. 게자의 포트폴리오는 그녀가 직감적으로만 느끼고 있던 것을 분명하게 보여준다. 즉 그녀는 자신에게 너무 많은 것을 요구하고, 자신의 한계를 넘고 있으며, 스스로를 지나치게 억압하고 있다. 자기 삶을 새롭게 구성하지 않는다면 게자는 머지않아 과로하여 쓰러질 수도 있을 것이다.

게자는 자신의 삶을 도표로 그려 객관적인 분석을 거친 후 앞으로 바뀌어야 할 점이 무엇인지를 정확하게 말한다. "일을 잠시 쉬는 게 좋겠어. 다른 사람과 일거리를 더 많이 나누고. 특히 박람회가 열리는 기간에는 꼭 그렇게 할 거야. 내년에는 반드시 그래야지. 스트레스를 적게 받으면 지금보다 더 잘 잘 수도 있고 건강도 좋아지겠지. 부모님께도 말씀드려야겠어. 나한테 일은 정말 중요하지만, 내 딸 카린이 최고로 중요하다고."

이제 시간과 노력을 많이 들여야 하는 게자의 라이프스타일이 문제로 남는다. "옷을 잘 입고 집도 멋지게 꾸며놓고 최근에 출간된 책을 읽거나 손님들을 집에 초대하는 일은 즐거워. 하지만 이런 식으로 계속 산다면 내가 받는 스트레스도 적지 않을 거야. 이보다 조금 더 단순하게 살 수도 있어." 그녀는 앞으로 살아가야 할 방향을 화살표로 표시해보았다.

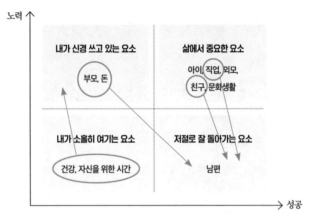

방향을 표시한 '삶의 포트폴리오'의 예

각자 자신의 '삶의 포트폴리오'를 해석해보자

당신은 자신의 삶의 포트폴리오에 얼마나 만족하는가? 지금 당장 어떤 것을 바꾸고 싶은가? 에너지를 가장 많이 쏟아붓는 곳은 어디이며, 가장 큰 성공을 거두고 싶은 분야는 무엇인가? 당신은 자신의 가치관과 일치하는 삶을 만들어가고 있는가? 당신의 내적 동인이 특히 당신에게 방해된다고 여길 때는 언제인가? 목표를 실현할 가능성은 어느 정도인가? 목표를 실현할 가능성을 높이기 위해서 현재 삶의 포트폴리오를 어떻게 바꿀 수 있을 것인가?

'삶의 포트폴리오' 사용법 3: 수정하고 재편성하기

투자를 할 때 비정상적인 포트폴리오의 균형을 다시 잡으려면 매각, 비중 축소, 비중 확대, 매수의 네 가지 방법을 사용한다. 다섯 번째 방법이자 가장 극단적인 방법으로는 수익률이 높은 펀드를 아예 기존의 일반 펀드로 갈아타는 것이 있다. 당신의 삶도 이와 비슷한 방법으로 조정할 수 있다.

매각: 필요 없는 건 과감히 집어던져라 당신은 부담을 주는 삶의 방식, 인간관계, 의무 또는 습관들에서 벗어날 수 있다. 이혼을 하고 사표를 쓰고 별장을 팔고 젊은 사람에게 회장직을 넘겨주고 크리스마스 선물을 주고받지 않고 텔레비전도 내다 버릴 수 있다.

이런 방식은 물론 매우 과격한 해결책이다. 하지만 삶의 포트폴리오에 지나치게 많은 짐들이 당신을 억누르고 있거나 '내가 소홀히 여기는 요소'로 인해 지금 부담감을 느끼고 있다면 이처럼 극단적인 방법을 쓸 필요가 있다.

비중 축소: 쓸데없는 일을 줄여라 당신은 한 가지 역할, 한 가지 습관에 들이는 시간을 줄일 수 있다. 예를 들면 일주일에 5시간 초과근무를 하고 있다면 지금부터는 2시간만 하고, 정성스레 직접 만들기보다는 구입해서 선물을 주고, 해야 할 일을 동료나 가족 등 주변 사람들과 나눌 수 있다. 그리고 지금까지 한 달에 세 권씩 구독했던 잡지를 두 권으로 줄이고, 손이 많이 가는 정원은 없앤 후 테라스를 만들고, 저녁 7시 이후에는 전화를 받지 않을 수도 있다.

이런 식으로 극단적인 방법은 아니지만 조심스럽게 변화를 실천하면 새로운 활동을 할 수 있는 길이 열린다.

비중 확대: 소홀히 했던 것을 충분히 하라 당신은 아이들과 집에서 악기를 같이 연주할 수도 있고, 일주일에 한 번 사우나에 가거나 인간관계를 더욱 돈독하게 만들어줄 활동을 할 수도 있다. 책을 더 많이 읽고, 매일 30분씩 음악을 들을 수도 있다.

이런 것들이야말로 지금까지 당신이 소홀히 했던 삶의 영역을 더 넓힐 수 있는 쉬운 방법이다.

매수: 새롭게 시도하라 당신은 새로운 관심사를 넓힐 수 있다. 다시 직장에 다닐 수 있고 명예직을 맡을 수도 있으며 색소폰을 배우거나 둘째 아이를 가질 수도 있다.

이런 방법은 이미 잘 채워져 있는 삶의 포트폴리오에 부담을 안겨줄 수 있다. 그러므로 새로운 활동을 시작할 때는 이미 맡고 있던 역할이나 하고 있던 활동 한 가지는 꼭 빼버리는 것이 좋다.

갈아타기: 관점을 바꿔라 마지막으로 아예 관점을 바꾸는 방

법이 있다. 과거보다 더 감사한 마음을 가지며, 기대치와 원하는 것을 더 줄이고, 바꿀 수 없는 것은 수용한다. 이런 방식으로 산다면 포트폴리오에서 '내가 신경 쓰고 있는 요소'와 에너지를 소모해야 하는 '삶에서 중요한 요소'를 좀 더 여유 있게 다룰 수 있다.

이런 방법은 실천하기는 어렵지만 장기적으로 볼 때 가장 권장하고 싶다. 이 방법은 그 어떤 다른 변화보다 효과가 좋으며, 케이크를 가지는 것뿐 아니라 먹을 수 있게 해준다.

자신의 목표에 대한 포트폴리오를 그려보자

균형 잡혀 있지 않고 지나치게 많은 부담을 안고 있거나 잘못 배분한 삶의 포트폴리오를 조화롭게 만들기 위해서는 수정과 재편성을 여러 차례 해야 한다. 또한 특정한 계기가 있어야 그런 변화를 시도할 수 있는데, 다음 장에서 그런 계기들을 발견할 수 있다. 몇 가지는 당장 실천할 수 있고, 극적인 변화가 필요한 것은 조금씩 당신의 삶에 통합하면 된다. 하지만 당장 중요한 것은 그런 게 아니다. 지금은 무엇보다 다음과 같은 사실을 분명하게 알아야 한다.

- 삶에서 어떤 측면을 강화하고 싶은가?
- 당신의 현재 포트폴리오에 지금 당장이라도 지워버리고 싶은 인간관계, 활동, 책임, 습관 같은 것들이 있는가?
- 무엇을 단순화할 수 있으며 단순화하기를 원하는가?
- 현재 포트폴리오는 당신에게 가장 중요한 꿈들을 반영하고 있는가?
- 목표로 하는 소망들을 삶에 통합시키려면 당신의 삶이 어떻게 바뀌어야 하는가?

현재의 포트폴리오에 당신의 목표들을 한번 적어보라. 화살표를 그려 넣고, 몇 가지 요소는 지우고 새로운 것들을 추가하며, 칸을 넓히거나 줄여본다. 이때 당신은 삶의 모든 측면이 나름대로 의미가 있음을 인정할 것이다. 그러나 당신의 포트폴리오에 너무 많은 짐을 싣지 않도록 주의해야 한다. 사실 우리가 생각하는 것보다 훨씬 빨리 포트폴리오가 짐으로 넘쳐날 수 있다. 시간 관리 전문가인 로타르 자이베르트도 "우리는 살면서 기껏해야 7가지 역할만을 감당할 수 있다"라고 말했다. 그러니 당신도 내년에 꼭 이루고 싶은 목표들로만 채워진, 현실적인 포트폴리오를 작성해보도록 하라.

3장

발 뻗고 누울 공간이 충분한가

단순하게 살기

지나친 소비와 너무 많은 물건은 때로 우리 자신을 잃어버리게 만든다. 우리를 질식
시키는 과잉 사회에서 어떻게 살아가야 할 것인가? 적절히 덜어내고 단순하게 살고
자 하는 태도는 우리를 편안하고 건강한 삶으로 이끌어줄 것이다.

우리의 삶은 온갖 사소한 일들로 낭비되고 있다.
단순하게 살아라, 단순하게 살아라.

헨리 데이비드 소로Henry David Thoreau

독일에서 4인 가족이 평균적으로 소유한 물건은 대략 1만 가지라고 한다. 자동차 안의 먼지를 빨아들이는 간편한 무선 청소기에서부터 아스피린, 우산, 바퀴 달린 가방, 와플메이커며 세탁비누에 이르기까지, 우리는 1만 가지나 되는 물건들을 구입하고 관리하고 사용한다. 식구 수보다 텔레비전이 더 많은 집도 있고 몸에 딱 붙는 속옷을 입지 않고서는 못 사는 사람도 있으며 작업장으로 사용하는 창고에 건축자재 시장을 방불케 하는 다양한 장비와 재료들을 갖춰둔 사람도 있다.

온갖 물건들이 우리를 장악하고 있다. 토요일이면 재활용 가능한 물건들을 파는 벼룩시장이 사람들로 넘쳐나지만, 우리의 집은 여전히 물건들로 가득 차 있다.

패션 회사 아이그너Aigner는 "일단 이 옷을 사세요. 그럼 사랑하게 될 거예요"라며 자사 제품을 광고한다. 하지만 과연 그럴까? 나는 확신할 수 없다. 오히려 들뜬 마음으로 구입한 옷을 집에 가져와 옷장에 넣어둘 자리를 찾을 때마다, 물건을 사는 행위는 기쁨이 아니라 짐이 된다는 느낌을 받는다. 솔직히 필요한 물건은 이미 모두 갖고 있다. 아니, 필요 이상으로 가지고 있다. 어쩌면 우리는 발 뻗고 편하게 있을 수 있는 양보다 더 많은 물건을 가지고 있는지도 모른다.

이번 장에서는 지나치게 많은 물건들로 인해 편안하고 아늑한 삶을 잃어버린 사람들에 대한 이야기를 하려고 한다.

물건 포트폴리오 작성하기

좋은 물건들에 둘러싸여 있으면 기분이 좋다. 집이든 차 안이든 어디에 서든지 말이다. 당신은 어떠한가? 지금 가지고 있는 물건들에 얼마나 만족하는가? 자신과 가족을 위해 잘 꾸며놓은 집 또는 회사에서 당신은 어떤 기분이 드는가?

이런 문제와 관련해서 도움이 되는 것도 역시 포트폴리오 분석이다. 우선 노트를 앞에 두고, 당신이 가지고 있는 물건들에 대해서 얼마나 만족하는지 생각해본 다음 그 결과를 포트폴리오에 써본다.

이때 포트폴리오에 쓴 모든 요소에 대해서 이런 고민을 해봐야 한다. 물건의 양, 상태와 품질에 대해 어느 정도 만족하는가? 내가 가진 물건들이 나의 부담을 덜어주고 긴장을 풀어줄까, 아니면 스트레스와 불안을 가져다줄까? 어떤 물건이 편안하고 좋은 느낌을 주는지는 스스로 결정하면 된다. 그러므로 당신이 살고 있는 집을 굳이 잡지에 등장하는 멋진 집을 기준으로 판단할 필요는 없으며, 마찬가지로 옷도 〈보그〉와 같은 패션 전문 잡지에 나오는 옷들을 기준으로 평가할 필요는 없다.

자신이 가진 물건들에 대해 포트폴리오를 작성하는 방법은 예를 들어 다음과 같다.

사무실	자동차
책상, 책장, 서류더미	차고, 서류가방, 서류더미
집	기타
부엌 용품, 침실 가구, 욕조, 정원, 발코니	장식품

'물건 포트폴리오'의 예

물건 포트폴리오를 작성했다면, 현재 당신의 포트폴리오에 얼마나 만족하는지 생각해보라. 필요 없는 영역은 삭제하고, 새로운 요소는 추가하고, 칸을 더 크게 하거나 줄일 수도 있다. 화살표를 그려 넣으며 포트폴리오를 수정해보라.

방을 깨끗하게 치워야 하는 이유

사람은 자신이 살고 있는 환경의 영향을 받는다. 동양에서는 이를 '풍수'라고 한다. 우리를 둘러싼 모든 것의 뒤에는 하나의 에너지 원천이 있는데, 동양인들은 이를 '기氣'라고 부르기도 한다. 풍수 이론은 우리가 집과 직장에서 조성한 환경의 영향을 받는다고 본다. 잡동사니, 여기저기 널려있는 물건들, 거의 이용하지 않는 손님방, 금이 간 꽃병 등은 에너지의 흐름을 중단시키고 말다툼을 하게 만들며 피로하게 하고 집중력을 떨어뜨린다. 그래서 풍수를 믿는 사람들은 집이나 직장에 새로운 에너지와 신선한 자극을 불어넣기 위해 오래된 물건들을 규칙적으로 버리고는 한다.

물론 풍수를 꼭 믿을 필요는 없지만, 집에 있는 물건들을 줄이면 앨범이나 수집해놓은 찻잔, 전기제품으로 가득 찬 책장이나 찬장이 있을 때보다 집이 훨씬 밝아지고 탁 트여 보인다. 책상을 말끔하게 치우면 생각도 맑아진다. 짐을 가득 실을 때보다 가볍게 짐을 꾸리면 차를 몰고 여행하기도 쉽다.

눈에 보이는 조화로움은 삶과 물건을 잘 관리하고 있다는 편안한 느낌을 준다.

물건을 좀 적게 구입하고 규칙적으로 불필요한 물건들을 버리고 정리를 잘하는 사람은 분명 시간도 더 벌 수 있고 머리도 맑아지며 전에 보이지 않던 새로운 것들이 눈에 들어오기도 한다. 물론 정리를 잘하고 그 정리된 상태를 잘 유지하기가 그리 쉽지는 않겠지만 말이다.

결혼식이 끝나면 웨딩드레스를 버려라

나는 남편과 함께 사무실을 쓰는데, 매년 이곳을 대청소하려고만 하면 남편은 멜로드라마에 나오는 주인공의 표정을 짓곤 한다. "당신은 내 삶을 깡그리 없애려고 들어!"라며 싫은 기색을 드러낸다. 빛이 바랜 강의 준비용 종이와 낡은 컴퓨터 부속품 등이 가득 차 있는 책장은 분명 나쁜 '기'를 불러온다고 나는 확신한다. 마치 빛이 나방을 마구 끌어들이듯 말이다. 하지만 남편은 그렇게 생각하지도 않고, 풍수 이론 같은 건 헛소리라 믿는다.

아마 앞으로도 남편과 함께 사용하는 사무실은 다른 곳처럼 그렇게 빠르게 청소하지는 못할 것이다. 사실 공동 사무실에 있는 오래된 종이 더미들은 어느새 과거를 떠올릴 수 있는 물건으로 변해서 자리를 차지하고 있다.

솔직히 물건이 오래될수록 그것을 처리하기란 쉽지가 않다. 결혼식을 올리고 8주 후에 웨딩드레스를 중고 시장에 파는 일은 어렵지 않다. 하지만 8년 후에 그렇게 하려면 어쩐지 불경스러운 일을 저지르는 것 같다. 그렇듯 흘러간 시간은 오래된 잡동사니에 새롭고도 온화한 광채를 입혀준다. 깨진 자기 그릇은 귀중한 유품이 되고, 초등학교 때 사용하던 공책은 과거의 기록이 되며, 다이애나 왕세자비의 초상화가 새겨진 머그잔은 더 이상 커피잔으로 사용하지는 않지만 런던으로 여행을 갔던 시절을 기억나게 해준다. 그리하여 우리는 경건한 마음으로 그런 물건들을 쓰다듬고는 찬장 맨 뒤 칸의 구석자리에 넣어두는 것이다.

사용하지 않는 물건을 처분하려 할 때 삶의 일부분까지 던져버리는 느낌이 드는 것을 막으려면 한 가지 방법이 있다. 물건을 몇 년 동안 전혀 사용하지 않았고 더 예쁘고 새로운 물건으로 대체할 수 있다면 바로 버리거나 팔아버리거나 선물하면 된다. 그 물건이 숭배의 대상이 되기 전에 말이다. 이렇게 하면 적어도 그 물건과 헤어지는 아픔 같은 것을 느끼지 않게 된다.

나를 소유하는 물건들

우리는 과잉 사회에 살고 있다. 우리 세대는 전쟁도 경험하지 않았고 심각한 경제 위기도 겪지 않았다. 우리는 주중에도 매일 두 시간 정도는 사고 싶은 물건을 살 수 있고 주말에는 더 오랫동안 쇼핑할 수 있다. 그런데도 마치 머지않아 자연재해라도 닥칠 것처럼 식료품을 비롯해 온갖 물건들을 집에 쌓아놓고 산다. 너무 작은 티셔츠, 작년 달력, 다양한 크기의 플라스틱 화분, 샘플로 받았지만 자신의 피부에 적합하지 않은 향수, 매일 보면서 버려야겠다고 생각만 하는 망가진 스탠드, 선물을 포장한 뒤 남아있는 포장지, 온갖 플라스틱 조각, 비닐봉지 등이 있다. 그리고 최근에 구입했지만 사용한 적도 없고 들고 다닌 적도 별로 없으며 좋아하지도 않지만 버리기에 아까워서 보관해 둔 물건들도 있다.

그런 물건들은 우리를 행복하게 해주지 않는다. 이런 것들은 편안하고 건강하게 살고자 하는 우리에게 독으로 작용한다. 하지만 그런 물건을 버릴 수도 없다. 언젠가 사용하게 될지 누가 알겠는가? 너무 작은 옷은 살을 빼면 입을 수 있을지도 모르고, 샘플로 받은 향수는 휴가 때 사용할 수도 있으며, 망가진 스탠드도 고치면 사용할 수 있을지 모른다. 그런 생각은 전시 상황과 같은 비상사태에서 또는 가난한 제3세계에 사는 사람들에게는 적합할지 몰라도, 우리처럼 넘쳐나고 과잉한 사회에서는 그렇지 않다. 그런 물건은 오히려 우리를 행복하게 살 수 없도록 하며, 균형은 무너지고 절제되지 못한 삶으로 이끈다.

부족이나 결핍이 부정적이란 건 잘 안다. 하지만 과잉 또한 해로울 수 있다. 과식은 양양실조와 마찬가지로 우리 몸을 병들게 한다. 소비 역시 그러하다.

너무 많은 물건들은 우리에게 스트레스를 주고, 감각을 마비시키며, 답답하게 한다.

"처음에는 네가 물건을 가지지만 그 뒤에는 물건이 너를 소유하게 된다"라는 속담이 있다. 그렇게 되지 않으려면 필요 없는 물건을 버려야 한다.

어쩌면 당신은 이렇게 반박할 수 있다. 앞에서 한 말들이 모두 맞기는 하지만 언젠가 사용할지도 모를 물건들을 단지 거슬린다고 해서 버릴 수 있을 만큼 자신은 경제적으로 능력 있는 사람은 아니라고 말이다. 그런 반박은 매우 당연하다. 잘못 구입한 물건을 버리는 행위는 매우 값비싼 대가를 치르는 셈이니까. 비록 중고 시장이나 재활용품 판매점에 내다 판다 하더라도 그 물건을 원래 구입한 가격에 비하면 푼돈일 뿐이다.

하지만 좋아하지도 않고 시대에 뒤떨어진 물건을 보관하는 일도 생각만큼 그리 값싸게 즐길 수 있는 게 아니다. 그런 물건을 보관하는 비용이 얼마일지 생각해본 적이 있는가? 물건을 버릴 만큼 돈을 잘 벌지 않는다고 생각하여 그런 물건을 담아둘 상자, 선반, 바구니, 창고 등을 위해 지불하는 돈이 얼마 정도 되는지 아는가? 잡동사니들을 정리하거나 청소하는 데 들어가는 시간은? 훗날 막내가 큰형이 쓰던 스키를 발견하고서는 신형 스키를 사달라고 조를 때까지 잡동사니를 보관하려는 것인가?

가장 간단한 것부터 정리한다

물건을 버리면 무거운 짐에서 해방된 듯한 느낌을 얻게 된다. 물론 실제로 물건을 버린 다음에야 비로소 그렇게 느낄 수 있다. 대부분의 사람들은 필요 없고 남아도는 물건들을 선별하는 일을 어려워한다. 그러므로 가장 간단한 일부터 시작하면 된다. 예를 들어 책상이나 약품을 넣어두는 장을 정리하거나 신발장 또는 싱크대 아래 공간, 찬장의 맨 위쪽 공간, 아니면 자동차 안을 치우는 일부터 시작하면 된다. 그런 다음 같은 원칙에 따라 다음과 같이 정리하면 된다.

- 하나도 빠짐없이 모든 물건을 꺼낸다
- 꼼꼼하게 청소한다
- 분류한다
- 한눈에 알아보기 쉽게 물건들을 정리한다

이런 식으로 정리하면 사소하지만 질서가 잡힌다. 이렇게 한 번 하고 나면 정리하고 싶은 다른 것들의 목록이 떠오른다.

케케묵은 헌 물건들을 버린다

더 이상 보관할 가치가 전혀 없는 모든 물건들을 주저하지 말고 버려라.

- 다 읽은 잡지들

96

- 선물 포장지
- 유효기간이 지난 식료품과 약품, 화장품
- 바짝 말라버린 가루 청소 세제, 화분에 주는 비료
- 오래된 카탈로그, 여행안내 책자, 축하 엽서
- 한 짝만 있는 양말, 너덜너덜한 수건, 낡은 티셔츠
- 몸에 맞지 않는 옷
- 금이 간 그릇
- 빈 병과 종이 상자들

필요하지도 않고 좋아하지도 않는 물건부터 버린다

어느 집에나 이런 것들이 있다. 충동구매를 했거나 유행할 때 샀지만 입지 않는 옷, 마음에 들지 않는 선물, 아이들이 더 이상 가지고 놀지 않는 장난감 등. 이런 물건들은 거의 사용하지 않아서 새것처럼 보이는 경우가 많다. 그래서 이런 것을 버리려고 하면 죄책감이 드는 것이다.

방법 1: 버리는 대신 다른 사람에게 주기

누군가 내가 가진 물건이 필요해 그것을 갖게 되면 기뻐하리라는 사실을 알면 물건과 이별하는 일이 훨씬 쉽다. 그러므로 잘 보관해두었던 물건을 팔지, 누구에게 선물로 줄지, 기증 또는 무료 나눔하거나 인터넷 사이트에서 팔 것인지를 고민해봐야 한다.

물론 물건을 버리는 것보다 다른 사람에게 주는 것이 에너지가 더 소모된다. 그래서 우리는 혹시 다음번 휴가 때 사용할지도 모른다는 생각에 물건을 창고에 넣어두고는 한다. 제발 그렇게 하지 마라. 당장 중고 시장에 내놓거나, 선물하고 싶은 사람이 생각난다면 전화로 물어보는 게 낫다.

방법 2: 버리기 위해 포장해두기

만일 오래된 물건에 집착을 많이 하는 사람이라면, 더 이상 사용하지 않지만 언젠가 사용할 가능성이 있다고 생각하는 물건들을 상자에 모두 넣어 포장한다. 그리고 난 뒤 상자에 1년 뒤의 날짜를 적어서 창고 안에 넣어둔다. 1년이 지나서도 이 상자를 열어보지 않았다면 길게 생각하지 말고 모두 버린다.

방법 3: 도움을 요청하기

몇 년 동안 잡동사니를 한 번도 버리지 않은 사람이 그런 일을 하기란 여간 어렵지 않다. 이럴 경우 친구들을 불러서 함께 치우면 훨씬 수월하다. 친구들은 당신이 5년 동안 알뜰하게 모은 잡지들을 감상에 젖지 않고도 버릴 수 있고, 케케묵은 컴퓨터 부속품들은 물론이고 다 큰 딸아이가 어릴 때 가지고 놀던 바비 인형들도 기꺼이 버릴 줄 안다.

소비 절약이 주는 여유로움

욕실 안을 들여다본다고 상상해보라. 주름 방지 크림이나 칫솔 따위가 나뒹굴지 않고 색깔이 마음에 안 드는 수건이 눈에 띄지도 않는다. 구독을 신청한 신문이나, 선물로 받았지만 전혀 사용하지 않는 헬스 기구 등이 거실에 덩그러니 놓여있는 걸 보며 양심의 가책을 느끼고는 했는데, 욕실을 보면 그런 죄책감이 전혀 들지 않는다. 그 대신 반짝반짝 빛나고 돈 꽤나 주고 구입한 체중계가 얌전하게 구석에 놓여있다. 이런 꿈같은 일을 현실에서 맞이하려면 무엇보다 필요한 게 한 가지 있다. 바로 물건을 선별할 때 처음부터 끝까지 적용할 수 있는 기준이다.

필요 없는 물건은 애초에 집에 가져오지 않는다.

가구든 화장품이든 부엌 용품이든 옷이든 우리가 100퍼센트 반드시 필요하다는 확신이 드는 물건만 구입하는 것이다. 무슨 물건이든 사면서도 즐겁고 사고 난 이후에도 계속 좋아할 수 있고 그래서 자주 사용할 것 같은 것을 구입하도록 한다. 필요 없는 물건의 소비를 줄이는, 이른바 '소비 절약'이 우리 삶에 필요하다.

우리 부부는 요리하는 것을 좋아한다. 하지만 크리스마스와 같은 특별한 때에도 우리는 음식 잡지에서 소개하는 화려한 음식을 손님들에게 대접하지는 않는다. 이런 특별한 음식을 만들려면 시간도 많이 걸리지만, 1년에 한 번밖에 사용하지 않는 양념이나 그릇들이 필요하기 때문이다. 같은 이유로 우리 집에는 별 모양으로 빵을 굽는 판이나 일본식 초밥을 마는 초밥 말이 기구, 정원에서 고기를 구워 먹을 때 사용하는 그릴 판 같은 것도 없다. 그러나 값비싼 칼과 자동으로 커피를 만들어주는 에스프레소 기계 등 우리가 매일 사용하는 것들은 있다. 살림을 완벽하게 갖춘 건 아니지만, 그래도 우리는 충분히 잘 살고 있다.

지금 기분 따라 소비하고 있다면

솔직히 말해보자. 우리에게 정말 필요한, 그리고 마음에 드는 좋은 물건 몇 가지만을 집에 두지 않는 이유가 뭘까? 필요하지도 않은 값싼 물건들이 집에 잔뜩 있다면? 이는 그 물건들이 꼭 싸기 때문만은 아니다. 《쇼핑의 과학Why We buy》이라는 베스트셀러를 쓴 저자 파코 언더힐Paco Underhill에 따르면, 미국인은 기본적인 욕구를 충족하기 위해 소득의 30~40퍼센트를 소비한다고 한다. 독일인들도 그것보다는 약간 적지만 비슷하다.

우리는 소득의 절반 이상을 감정상의 이유로 소비한다. 물건을 사면 그냥 기분이 좋아지니까, 친구들에게 자랑하려고, 자존심 때문에, 유행에 뒤지지 않기 위해, 사람들의 눈에 띄기 위해서, 무언가 체험하기 위해, 세일 기간을 놓칠 수 없으니까. 화려한 소비재의 세계가 보내는 유혹을 이기지 못해서 돈을 쓴다. 소비 욕구를 일깨우는 쇼핑의 재미와 예쁘고 화려한 물건들 앞에 우리는 결국 두 손 두 발을 들고 만다.

군이 쇼핑하고 싶은 기분을 조장할 필요조차도 없다. 내가 겪은 일을 하나 소개하겠다. 어느 날 무심코 서점 앞을 지나가다가 봄 분위기가 물씬 나는 색상들로 장식되어 있는 유리진열대가 눈에 띄었다. 첫 번째 진열대에는 녹색 표지의 책들만 전시되어 있었고, 두 번째 진열대에는 눈이 부신 노란색, 그리고 세 번째에는 분홍색 표지의 책들이 진열되어 있었다. 3월이지만 마침 우중충하게 흐린 날이라 그처럼 알록달록한 책들은 나를 서점 안으로 유혹했고 나는 15분 만에 소설책을 잔뜩 구입했다. 내 책상 위에는 읽지 않은 책들이 이미 네 권이나 놓여 있었는데도 말이다.

바로 이런 충동구매가 집 안을 물건으로 넘쳐나게 하는 주범이다. 미국의 '단순하게 살라' 운동의 대표자 중 한 사람인 일레인 제임스Elaine St. James는 그렇듯 충동적으로 물건을 사는 경우를 방지하기 위해서 '30일간의 목록'을 작성하라고 충고한다. 사고 싶은 물건이 생겼을 때 바로 그 자리에서 사는 게 아니라, 우선 목록에 해당 물건을 적어두는 것이다. 그로부터 30일이 지나면 사고 싶었던 물건이 어느덧 욕구의 대상에서 사라지고 만다. 여기서 우리가 얻는 것은 분명하다. 돈을 아낄 수 있는 것은 물론이고, 물건을 둬야 하는 자리 대신 편히 발 뻗고 누울 수 있는 당신만의 공간도 생긴다.

실천하기 2

수용 가능한 물건들이 무엇인지 생각한다
비용이 많이 들지 않으며 오랫동안 지속적으로 사용할 수 있는 물건을 구입하도록 한다. 예를 들면 매년 입을 수 있는 어두운 색 바지, 계절에 상관없이 집에 둘 수 있으며 2년에 한 번씩 기름으로 닦아주기만 하면 되는 티크 나무로 만든 의자, 덮개를 쉽게 분리하여 세탁할 수 있는 소파 등이다.

구매하기보다 빌려 쓴다
꼭 모든 것을 소유할 필요는 없다. 그리고 모든 것을 직접 할 필요도 없다. 소유하지 말고 이용만 하라. 유모차도 캠핑카도 굳이 사지 않아도 빌릴 수 있다면 빌려 쓰는 것이 좋다. 그러면 집이 물건으로 넘쳐나지 않을 수 있고 계속 관리하는 데 시간을 쓰지 않아도 되며 물건을 보관해둘 곳이 있나 없나 고민하지 않아도 된다.

가장 좋은 물건만 산다
적지만 아름답고 오래 가는 물건이 더 매력적이다. 필요 없는 장식품, 여기저기 굴러다니는 필기구와 액세서리는 우리의 뇌를 자극하는 요소들이다. 물론 우리가 이 모든 물건을 의식하지는 않는다. 그럼에도 이런 물건들이 우리의 주의를 끌기 쉽고 집중에 방해가 된다. 오늘날과 같은 과잉의 시대에는 오히려 텅 비어있는 공간에 대해 소수만이 향유할 수 있는 사치라 생각하며, 소박하고 단순한 살림살이일수록 훨씬 품격있게 여긴다. 미래연구가 페이스 팝콘Faith Popcorn은 "우리는 더 이상 모든 것을 원하지 않는다"라고 결론 내렸으며 또한 이렇게 말했다. "우리가 원하는 것은 점점 더 적게 가지는 것이다."

그런 삶으로 가는 길은 생각보다 어렵지 않다. 당신에게 필요한 최고로 좋은 물건만 구입하고, 임시로 뭔가를 사느니 차라리 아무것도 사지 않는 게 낫다. 그리고 어떤 물건이든 사기 전에는 두세 번씩 생각해본다.

하나를 샀으면 하나는 버린다

이런 생각은 참 간단하다. 새로운 물건을 샀으면 원래 가지고 있던 오래된 물건 하나를 버리면 된다. 가구나 자동차를 구입할 때는 이미 이와 같은 원칙을 따랐을 것이다. 하지만 작은 물건도 그렇게 해야 한다. 새 우산을 하나 샀으면 혹시 또 언젠가 사용할지도 모른다며 헌 우산을 챙겨두지 말고 바로 처분하도록 한다. 늘 그렇지는 않지만 나 역시 이런 원칙에 따라 생활하면서부터 소비 태도가 바뀌었다. 그러다 보니 의식적으로 물건을 선별하게 되었고 뭔가 사고 싶어도 우선 미루는 습관이 생겼다.

단순하게 살고자 하는 결심이 필요하다

이 장의 내용 가운데 어떤 것을 실천하고 싶은가? 언제 실천하려는가? 그렇게 하기 위해 구체적으로 어떤 약속을 할 것인가?

그렇다고 너무 많은 것을 계획해서는 안 된다. 우리의 목표는 병원처럼 깨끗한 곳이 아니다. 병원은 깨끗하고 청결하기는 하지만 편안한 장소는 아니니까 말이다. 우리의 목표는 숨 쉴 공간을 조금 더 확보하는 데 있다. 그러므로 이 장의 내용 가운데 한두 가지만 실천하더라도 우선은 충분하다.

목표를 이렇게 적어보는 게 어떨까? "늦어도 다음 주 주말까지는 옷장을 정리한다." 이렇듯 확신을 담고 있는 목표를 기록해보자. 할 수도 있고 안 할 수도 있는 듯한 목표를 적는 건 좋지 않다. 예를 들면 이렇게 말이다. "쓰레기통을 다시 사야 할지도 모르겠다."

"늦어도 다음 주 주말까지는 옷장을 정리한다." (O)
"쓰레기통을 다시 사야 할지도 모르겠다." (X)

4장

집은 나의 안식처가 되는가

효율적으로 집안일 하기

가족 문제와 집안일에 너무 많은 시간과 에너지를 들이고 있지는 않은가? 가족을 운영하고 가계를 관리하는 것도 조직에서 팀을 이끄는 것과 비슷한 능력이 필요한 일이다. 효율적으로 집안일을 하려는 태도가 집에서의 당신의 부담을 덜어준다.

●

우리가 사랑하는 곳은 집이다.
발은 떠나도 마음이 떠나지 않는 곳이 바로 우리의 집이다.

올리버 웬들 홈스Holmes, Oliver Wendell

●

우리가 직장에서 보내는 시간은 점점 줄어들고 있다. 휴식
시간은 과거보다 훨씬 많이 늘었다. 세탁기나 자동 식기세척기
와 같은 가전제품도 사용한다. 그런데도 여전히 우리는 과거보
다 해야 하는 일이 더 많아 보인다. 독일 밤베르크의 사회학자
만프레트 가르하머Manfred Garhammer는 우리가 이처럼 주관적으로
느끼는 것들이 사실이라고 말한다. 다시 말해 근로계약상 노동
시간은 줄어들었지만, 무임금으로 우리 삶에 바치는 노동시간

은 늘어나고 있다는 것이다.

놀랄 일은 아니다. 세상은 갈수록 복잡해지고, 성공하고자 하는 우리의 욕구 역시 점점 늘어나니까 말이다. 우리는 쓰레기를 분리하고 주식 투자를 하고 다리털을 면도하고 통신 회사를 비교해 요금이 적게 나오는 곳을 선택하고 두 가지 이상의 직업을 갖고 크리스마스 시즌에 집안을 장식하느라 과거 세대와는 비교할 수 없을 정도의 수고와 노력을 한다.

가르하머에 따르면 오늘날 부모는 자녀를 교육적으로 지원하기 위해 과거의 부모에 비해 1.5배의 시간을 들인다고 한다. 집 근처의 시장이나 슈퍼마켓에서 장을 보고 곳곳에 우체국이 있던 과거에 비해 요즘은 같을 일을 하는 데 2배나 시간이 더 걸린다. 독일의 경우 인건비가 워낙 비싸 물건 포장도 스스로 해야 한다. 직장에서 보내는 시간이 1년 평균 독일인보다 400시간 더 많은 미국인은 힘든 수리나 세탁, 청소 등은 그런 일을 전문으로 하는 사람들에게 맡기는 반면, 독일인은 직접 다림질을 해야 하고 창문의 페인트칠도 직접 해야 한다. 앞으로 치즈, 쌀, 바나나 등 식료품에 바코드를 찍는 일을 계산원이 아니라 우리가 셀프로 해야 하는 곳이 지금보다 훨씬 늘어날 것이다.

일상의 계획, 가족 관리, 집안 살림, 재정 문제와 관련된 일은 직업이라 할 수 없으나 일종의 직업처럼 되어가고 있다. 이번 장에서는 집안일을 좀 더 쉽고 효율적으로 할 수 있는 방법을 소개하고자 한다.

일상에서 에너지 비축하기

당신은 일상생활에서 에너지를 어느 정도 쏟고 있는가? 아이를 돌보는 일과 부엌일, 장보기, 집과 정원 꾸미기 등 가족의 일에 소비하는 시간은 어느 정도인가? 이런 일을 얼마나 능수능란하게 처리하는가? 어떤 집안 일을 가장 좋아하는가? 또 어떤 집안일을 내일로 미루고 싶은가? 가사 일과 자녀 교육 문제를 어떻게 분배하고 있는가?

당신의 일상생활 가운데 어떤 점들을 다루고 싶은지 다음과 같이 목록에 적어보자.

가사일	자녀 문제
장보기, 요리, 집 정리, 세탁, 청소, 정원 가꾸기, 자동차 정기 점검 및 수리	도시락 싸주기, 육아, (학교) 데려다주기, 놀아주기
재정 문제	**기타**
투자, 저축, 가계부 쓰기	가족 행사 챙기기, 친척들 안부 묻기, 가족 모임 참석 및 교류, 휴가 계획 짜기

'가족과 집안일 포트폴리오'의 예

당신이 작성한 포트폴리오에 어느 정도로 만족하는가? 어떤 부분을 좀 더 개선하고 싶은가? 가족과 집안일 포트폴리오에 당신의 목표를 그려 보라. 이때 화살표를 이용하고, 필요 없는 부분은 삭제하고, 새로운 부분은 추가하고, 칸의 크기를 줄이거나 늘려보라.

어디에서 어떻게 살지 정한다

가족 일과 가사 노동을 수월하게 할 수 있는 방법은 셀 수 없이 많다. 기쁜 일이든 슬픈 일이든 살림과 자녀 교육 문제를 배우자와 함께 하면 된다. 집에 먼지가 쌓이고 좀 지저분하더라도 참고 넘어갈 수 있는 인내심을 키울 수도 있고 가사도우미를 부르거나 세탁소에 다림질을 맡길 수도 있다. 자동차 한 대를 중고 시장에 팔아버릴 수도 있고 지금보다 조금 좁은 평수의 집에 살면 되고 세탁기도 가끔 돌리고 다림질이 필요한 흰색 블라우스 대신에 다림질이 필요 없는 흰색 티셔츠를 입는다. 마당이 있는 집이나 반려동물, 식물 키우는 것을 포기하고 커튼도 달지 않는다. 주식도 사지 않고 빚도 지지 않으며 가족 구성원 모두가 집안일을 담당하자고 제안해야 한다. 우편물은 즉각 개

봉해서 확인 후 버리면 된다. 믿고 아이를 맡길 수 있는 베이비시터를 구하고 키친타올, 스타킹 등 물품은 미리미리 쟁여둔다. 아이들에게는 거실에서 장난감을 가지고 놀면 안 된다고 말하고, 컴퓨터 기종이 오래되었다는 이유로 새 컴퓨터를 구매하지 않는다. 자주 외식을 하고, 요리와 빵을 굽는 취미를 가지고, 식구들 가운데 한 사람이 요리에 취미를 갖도록 유도한다. 옷이나 다른 물건을 새로 구입할 경우 예쁜 것에만 신경 쓰지 말고 기능성도 고려한다.

삶의 다른 어떤 영역도 집안일이나 가족 일처럼 단순하게 살 수 있는 여러 가지 방법이 있진 않다. 일상적인 습관들은 아주 사소한 일들로 이루어져 있으며, 이 사소한 일들 하나하나에는 시간과 에너지를 절약할 수 있는 방법이 있다. 그러니 우리는 올바른 결정만 내리면 된다. 무엇이 올바르고 중요한지는 각자가 스스로 정해야 한다. 유행이나 관습에 상관없이 말이다.

최근에 친하게 지내는 레아와 하이너 부부가 이사를 했다. 지난 몇 년 동안 지인들이 이사를 많이 했다. 대부분 도시에 살다가 마당이 딸린 외곽지역으로 갔지만 이 부부는 정반대로 이사했다는 소식에 놀랐다. 그들은 마당이 있는 45평짜리 집을 팔고 시내에 있는 30평짜리 집으로 이사한 것이다. 그들이 이사 간 동네는 오래전부터 주택가로, 집이 거의 완벽하게 수리되어 있었고 양쪽으로 열 수 있는 문이 달려있었다. "17살 된 우리 딸 안나는 이제 아무 재미도 없는 시골에서 살지 않아도 되니까 너무 좋다 그러네. 남편은 아침에 걸어서 출근할 수 있고. 솔직히 나도 너무 좋아. 잔디 관리를 안 해줘도 되고 마당에 떨어진 나뭇잎을 빗자루로 치울 필요도 없고 창문 페인트도 내가 직접 칠하지 않아도 되거든. 집의 평수를 줄이니까 사는 게 훨씬 단순하고 좋아졌어."

우리가 어디에서 어떻게 사느냐를 결정하는 것은 바로 우리 삶에
시간과 돈, 에너지를 어느 정도 쓸지를 정하는 것과 같다.

정원, 넓은 차고, 널찍한 마당이 있는 집? 이런 집을 마련하려면 주택담보대출 이자를 꼬박꼬박 내야 하고 매일 집이 있는 외곽지역에서 시내까지 출퇴근을 해야 하고 쉽게 문화생활을 할 수 없다는 점을 감안해야 한다.

지하 주차장과 햇빛이 잘 드는 발코니가 있으며 시내에서도 가깝고 집을 수리할 일이 있으면 집주인이 수리를 해주는 빌라에 사는 건 어떨까? '자기 소유의 집'을 포기했지만 그 대신 편안함이란 것을 얻었다.

"넓은 테라스가 딸린 집. 앞에는 호수가 있고 뒤에는 전원적인 풍경이 펼쳐져 있지. 욕실에는 독일 최고봉인 추크슈피체가 보여. 하지만 저녁에 영화를 보고 싶을 때면 근처에 영화관이 있어야겠지. 그래, 나는 그런 집이 좋아"라고 쿠르트 투홀스키Kurt Tucholsky는 아름다운 집에 대한 우리의 꿈을 풍자하고 있다.

그렇게 완벽한 집은 유토피아에 있을 것이다. 그런데 우리에게 유토피아보다 더 중요한 것은 실제 주거이므로, 어디에서 어떻게 사는 것이 가장 좋을지에 대해 깊이 생각해봐야 한다.

집안일은 누구나 하기 싫다

모든 가족 구성원이 집안일을 함께 하거나 신경을 쓰는 것은 아니다. 얼룩이 전혀 없는 유리창을 보면서 깨끗하다고 생각하지 않는 사람도 있다. 삶아야 하는 빨랫감이 뭔지, 조심스럽게 빨아야 하는 빨랫감은 또 뭔지, 색깔이 알록달록해서 따로 빨아야 하는 빨랫감은 뭔지, 이들 빨래의 차이점은 뭔지에 대해 잘 알지 못한다. 심한 경우, 집안일이 대수롭지 않은 일이라고 여기거나 그저 웃어 넘기며 "어차피 당신이 알아서 잘 할 거잖아"라고 말하기도 한다. 아이들도 마찬가지다. "내일이면 다시 더러워질 텐데, 뭘. 나중에 할게, 엄마. 나 지금 바쁘거든!"이라고 딸은 씩씩거리며 화를 낸다.

가사 노동은 대개 여성의 몫이다. 물론 그렇게 생각하지 않는 사람도 있겠지만 통계를 보면 알 수 있다. 비스바덴에서 실시한 설문조사에 따르면, 아이가 있는 가정에서 직장에 다니는 여성의 경우 매주 24시간가량을 가사 노동을 하는 데 반해 직장에 다니는 남성은 9시간 반 정도만 한다는 것이다.

집안일을 좋아하는 사람은 아무도 없다. 청소하고 빨래하고 설거지하는 일이란 내일이면 다시 처음부터 시작해야 하는 중노동이며, 이런 일을 했다고 해서 특별히 고마워하지 않는 때도 많다. 그러다 보니 집안일은 전혀 중요하지도 않으며 재미도 없는 일이 되어버렸다. 행복 연구가 칙센트미하이의 말에 따르면, 가사 노동은 직장에서 하는 일과는 반대로 기혼 여성들의 감정적인 행복에 전혀 기여하는 바가 없다고 한다. 설거지, 청소, 빨래는 하루 일과 중 가장 부정적인 경험에 속하며 장보기와 아이를 돌보는 일은 좋지도 싫지도 않은 일에 속한다고 한다. 그러니 집안일을 서로 하겠다고 다투지 않는 것은 지극히 당연하다.

집안일은 꼭 필요한 일이지만 보통은 가능하면 하지 않으려고 피한다. 가사일을 믿고 떠맡길 수 있는 누군가가 있다면 더욱 그렇다.

아이들을 따라다니며 일일이 치워주지 않는다

아이들에게 집안일을 시킨다고 해서 양심의 가책 따위를 느낄 필요는 없다. 보스턴대학교가 오랜 기간을 두고 실시한 연구에 따르면, 집안일을 의무적으로 한 어린이와 청소년들이 오히려 학교 성적이 더 좋다고 한다. 부모가 자식들을 믿고 집안일을 맡김으로써 그들의 동기를 유발해주기 때문이다. 초등학생도 15~20분간 하는 일은 잘 해낸다. 이보다 좀 더 큰 아이들은 30분에서 1시간 정도 집안일을 하는 게 적당하다. 물론 매일 시킬 필요는 없으며 일주일에 며칠만 그렇게 하면 된다.

원칙을 지킨다

만일 6살 이하인 자녀가 없고 아이들에게 다음의 5가지 원칙을 지키게 한다면 잡동사니를 치우고 정리하는 일은 그렇게 어렵지 않다.

1. 어떤 물건이든 사용하고 나면 원래 있던 자리에 둔다.
2. 쓰레기는 그 자리에서 쓰레기통에 버린다.
3. 플라스틱과 빈 병은 분리수거함에 넣는다.

4. 외출하기 전에는 각자 자신의 침대를 반드시 정리한다.

5. 욕실과 부엌을 사용한 다음에는 사용 전과 같은 상태로 돌려놓는다.

5분간 둘러본다

아침에 집을 나서기 전과 밤에 잠자리에 들기 전 집 전체를 한번 살펴보고 정말 필요한 일을 한다. 여기저기 흩어져 있는 물건은 치우고, 쿠션은 한번 매만져 모양새를 잡아주고, 세면대는 깨끗하게 닦고, 사용한 그릇은 식기세척기에 넣어둔다. 이런 일들을 혼자 또는 가족들과 함께 하면서 몇 분 만에 끝내는지 재미 삼아 기록해보는 것도 좋다.

청소는 직접 한다

아니면 가사도우미에게 집안일을 맡기는 것도 방법이 될 수 있다. 시장을 보거나 다림질을 하거나 식기세척기를 돌리는 사람은 있어도, 가족 모두가 만족할 만큼 매일 깨끗이 청소하는 사람은 많지 않다. 그러니 배우자나 아이들이 그렇게 해주기를 무한정 기다려서는 안 된다. 가족 모두에게 당신처럼 깨끗하게 청소하도록 자극을 줄 방법은 없다. 그러므로 웬만하면 당신이 직접 청소하는 게 좋고, 청소보다 쉬운 일을 가족들에게 나눠 시키도록 하라.

원하는 일을 분배한다

가족들 가운데 컴퓨터, 스마트폰, 리모컨을 다룰 줄 아는 사람은 어린아이가 아니므로 집안일을 한두 가지씩 떠맡아야 한다고 말하라. 하지만 남편과 아이들이 언제 집안일을 끝내야 하는지 정확한 날짜까지 정해주어서는 안 된다. 혼자서 결정하지 말고 가족이 함께 모여서 집안일을 어떻게 분배할지를 상의하는 게 좋다. "누가 무슨 일을 잘할까?" "누가 어떤 일을 하고 싶어 할까?" "누가 어떤 일을 위해 언제 시간이 날까?" "어떤 일을 좋아하지는 않지만 다른 식구들에 비해서 덜 싫어하는 사람은 누구일까?" 가족회의 시간에 이런 질문들을 던져 보라.

'돕는다'라는 말을 사용하지 않는다

당신도 어렸을 때 집안일을 도와야 한다는 말을 싫어했을 것이다. 텔레비전에서는 한창 재미있는 만화영화가 나오는데, 엄마가 소리를 지르는 바람에 어쩔 수 없이 쓰레기를 버리러 가거나 빵을 사오거나 식탁에 수저를 놓는 일을 한 적이 있을 것이다. 집안일을 나눠서 하고 싶다면 가족이 스스로 도와주기를 기대만 해서는 안 된다. 오히려 각자가 담당할 일을 분명하게 정해서 맡기는 편이 더 낫다. 내 친구 한 명은 집안일을 이렇게 분배하기도 한다. 아내는 요리, 장보기, 집안 정리를 하고 남편은 빨래, 다림질, 수리, 청소를 담당한다. 또 다른 친구는 매주 토요일 오전 2시간 동안은 가족 전체가 함께 모여 대청소를 한다고 한다.

참고 기다린다

일단 한 번 정해놓은 규칙은 쉽게 바꾸면 안 된다. 그러므로 집안일을 가족의 일로 만들고 싶으면 오랫동안 참고 인내할 줄 알아야 한다. 가족 모두가 맡은 일을 해야 한다고 차분하게 주장하고 설득해야 한다. 집안일을 분담하는 것이 당신의 소원인 것처럼 표현하지 않도록 주의하라. 그렇게 하면 앞으로 스무 번 서른 번씩 계속 부탁하고, 상기시키고, 동기부여를 해야 할지 모른다. 만약 세면대 청소를 담당하게 된 딸이 청소를 하지 않았다고 하자. 이때 답답한 마음에 자신이 나서서 세면대를 청소

해서는 안 된다. 그렇다고 꾸중하거나 이 문제를 놓고 토론하는 방법도 좋지 않다. 차라리 휴대폰으로 문자를 보내는 편이 낫다. 아니면 욕실에 자기가 맡은 일을 상기할 수 있는 내용을 적은 포스트잇을 붙여두는 것도 좋은 방법이다.

기대하지 않는다
배우자에게 당신이 하듯 식용유를 적게 넣어 요리해야 한다고 고집해서도 안 되고, 아이들에게 당신 방식대로 식기세척기를 돌려야 한다고 잔소리를 해서도 안 된다. 그들이 집안일을 분담하겠다는 뜻을 좋게 인정하고 그대로 받아들여야 한다. 칭찬도 해주고 기뻐하고 그 자리에서 바로 보상을 해주는 방식으로 가족들의 노고를 인정해주면 된다. 모든 사람이 완벽하게 가사를 분담해서 집안이 반짝거릴 것이라는 상상은 아예 접어두는 편이 낫다.

가족을 운영하는 좋은 방법: 가족 관리자

'가족 관리자'란 과거에 가정주부를 정치적으로 불렀던 단어다. 이런 호칭은 가사일을 미화시킨 표현이 아니다. 가정에서 이루어지는 가사, 아이 돌보기, 돈 관리, 가족들 고민 상담 등의 일에는 어떤 조직에서 하나의 프로젝트를 맡아 팀을 이끌 때와 비슷한 능력이 필요하기 때문이다. 회사에서 팀을 이끄는 것이나 집에서 가족을 운영하는 것 모두 에너지, 직감력과 갈등 조정, 효율적인 대화 기술이 필요하다. 무엇보다 가정을 관리하려면 회사에서 팀을 이끌 때처럼 구성원 개개인을 이해하면서도 능률적이어야 한다.

경영 분야에서 좋은 관리자라고 하더라도 직접 서비스를 제공하거나 제품을 생산하지는 않는다. 관리자는 직원들과 함께 일하지는 않지만 회사가 잘 돌아가게 만들면 된다. 예를 들어 직원들에게 목표를 정해주고 그들이 역량을 충분히 발휘할 수 있게끔 환경만 제공하면 된다.

바로 이런 원칙을 가정에서도 적용할 수 있다. 당신이 집안일과 가족 일의 대표적인 책임자로서 가정이 잘 꾸려지도록 신경 쓰면 된다. 가족 가운데 누가 시장을 보고 요리를 하고 빨래를 하고 숙제를 도와주고 작은아이를 유치원에 데려가고 학원에 다니는 큰아이를 데려오는 일을 할 것인지 정하고, 이런 일들이 잘 진행되도록 관리하는 것이다. 대가족을 이처럼 관리하려면 매우 힘들다. 그런데 가족의 관리자 역할을 하는 아내 또는 남편이 반드시 그런 일을 혼자서 할 필요는 없다. 돈, 상상력, 평등한 배우자, 신뢰할 수 있는 아이들, 언제라도 도움의 손길을 내미는 시댁 또는 처가댁 어른들이 있다면 여러 가지 일 가운데 한두 가지 또는 더 많은 일을 맡길 수 있다.

여기에서 분명히 알아두어야 할 점은, 가사도우미와 함께 과자를 굽거나 방과 후 교실 같은 곳에서 숙제를 하는 아이들이 하루 종일 부모의 보호를 받는 아이들과 비교해서 결코 나쁘게 자라지 않는다는 사실이다. 만하임대학교의 교육학자 베르벨 크라케Bärbel Kracke와 마르틴 호퍼Martin Hofer는 자신들의 저서에서 이렇게 말하고 있다. "아이의 나이와 상관없이 제3자의 손에 아이를 맡기는 것을 우려할 필요가 없으며, 심지어 아이의 발달을 위해서 그것이 더 좋을 수도 있다."

유치원 선생님, 할머니, 베이비시터, 가사도우미, 가정교사 등 부모를 대신할 사람은 충분하다. 하지만 가족이라는 회사를 운영하고 책임을 떠맡고 있는 관리자인 부모는 반드시 필요하다. 가정을 완벽하게 이끌어나갈 수는 없어도, 가정을 잘 관리하는 일은 누구나 해야 할 일이다.

집안일에 에너지를 덜 쏟고 가족에게 신경을 더 쓰도록 한다. 다음의 글을 읽으면 자극을 받을 수 있다.

실천하기 2

가계소득을 분배한다

돈은 시간이다. 이는 의심의 여지가 없는 사실이다. 돈이 있는 사람은 일을 손쉽게 다른 사람에게 맡길 수 있으니 말이다. 가사도우미에게 집안일을 맡길 수도 있고 아이들을 학비가 많이 드는 좋은 사립유치원에 보낼 수도 있다. 하지만 특별히 소득이 높지 않은 평범한 사람도 소득을 잘 분배하면 가사도우미를 부르거나 아이를 유치원에 보낼 수준도 된다. 무엇이 필요한지 냉정하게 생각한다면 그렇게 할 만큼의 돈을 충분히 마련할 수 있다.

분명한 규칙을 정해 합의를 본다

성공한 기업들에는 강력한 기업 문화가 있는 것이 특징이다. 그런 기업들은 직원이 함께 행동하게 해주는 같은 기업 목표나 비전을 가지고 있다. 이는 기업이 성공하기 위해 필요한 요소이며, 가족에게 적용해도 좋을 것이다. 가족 모두가 지킬 수 있는 사항을 합의를 통해 규칙으로 만드는 것이다. 예를 들면 이런 것이다. 늦게 집에 올 것 같으면 미리 전화를 한다. 집안일은 가족 모두의 일이다. 한 달에 한 번 토요일에는 가족회의를 열고 여기에는 모두가 참석한다. 절대로 욕을 하지 않는다. 생일 때마다 용돈을 조금씩 올려준다. 음식을 먹으면서 집 안을 돌아다니지 않는다. 폭력이나 살인을 다루는 자극적인 게임은 하지 않는다.

이런 원칙을 정해놓으면 행동의 기준이 될 뿐 아니라 일상생활을 단순하게 만들어준다. 가족 구성원들이 텔레비전 시청이나 잠자는 시간 문제로 매번 다툴 필요가 없는 까닭이다.

가족의 얼굴을 보고 말한다

당신의 바람이나 맡기고 싶을 일에 대하여 가족에게 말할 때는 부엌에 서서 또는 지나가는 말로 은근슬쩍 해서는 안 된다. 특히 아이에게 말하는 경우 아이와 비슷한 눈높이에서, 팔 길이 정도의 간격을 두고 아이의 눈을 똑바로 쳐다보며 조용하고 정확하게 말해야 한다.

분명하게 말한다

직장에서처럼 당신이 원하는 것을 구체적으로 말해야 한다. 예를 들어 학교에서 귀가한 아이에게 "집에 오면 책가방은 네 방에 두고 외투는 옷장에 걸어 둬"라든가 "곧 9시야, 잘 준비해야지"라고 말한다. 그게 아니라 "정리 좀 잘할 수 없니?"처럼 상투적인 말을 하거나 "지금 자고 싶지 않니?"처럼 질문하는 형식으로 표현하는 것은 좋지 않다.

모범을 보여야 한다

성공을 거둔 경영인들은 기업 문화를 솔선수범해서 행동으로 보여준다. 가정에서도 마찬가지다. 어머니가 만든 음식을 아버지가 맛있다며 칭찬하고, 부모가 사소한 말다툼은 해도 상대에게 상처를 주려고 하지는 않는 모습을 보면서 자란 아이들은 다른 사람들에게 예의 바르게 행동한다.

동기를 부여한다

배우자와 아이들에게 당신의 마음에 들지 않는 일보다 마음에 든 일을 더 많이 얘기한다. 예를 들어 아이들이 서로 싸우지 않고 조용하게 함께 노는 모습을 보노라면 얼마나 예쁘고 기분이 좋은지, 남편이 세탁소에 맡겨둔 옷을 찾아오면 얼마나 고마운지를 말해준다. 이렇듯 당신이 지극히 당연하다고 여기는 일조차 칭찬을 하면 그 효과는 훨씬 좋다. 당신의 기분도 좋아지고 긍정적인 태도로 살아가는 당신을 보며 가족도 함께 힘을 얻는다.

가족이 행복해지는 돈 관리법

사람은 돈만으로는 행복해질 수 없다는 사실이 과학적으로 증명되었다. 미국에서 가장 잘사는 부자 100명 가운데 49명을 대상으로 실시한 조사에 따르면, 백만장자들이 평범한 직장인들보다 결코 더 행복하지 않았다. 그 이유는 아무리 대단한 일이라도 시간이 가면서 익숙해지면 별 흥미를 느끼지 못하는 현상 때문이다. 그래서 부자들은 말리부에 별장을 두거나 개인 비행기를 소유하거나 백악관에서 초대를 받아도 행복을 느끼기보다는 익숙함에 별 감흥이 없는 것이다. 보통 사람들은 부러운 시선으로 바라보더라도 말이다. 과학자들은 이런 현상을 두고 '쾌락을 주는 진부한 일'이라고 부른다. 그래서 우리가 재산을 얼마나 갖고 있든 행복해지려면 늘 그보다 더 많은 재산이 필요하다는 것이다.

그러나 행복해지는 데 돈이 어느 정도 필요한 것은 맞다. 하루 벌어서 하루 겨우 먹고사는 사람은 쉴 수가 없다. 한편 재정적인 여유가 있으면 안정되고 어디에 종속되지 않아도 된다. 미래를 느긋하게 즐기고 싶은 사람은 재산을 빨리 모을수록 좋다. 그리고 대부분의 사람들은 그렇게 할 기회가 있다.

빚을 줄인다

주택담보대출은 예외에 속하지만 그 밖의 빚은 스트레스와 불안이 된다. 현금서비스를 이용하거나 할부로 가구를 새로 장만하는 일은 자신의 삶에서 중요한 한 부분, 즉 돈을 제대로 통제하지 못하고 있음을 보여준다.

시간을 두고 돈을 관리한다

가계를 관리한다는 것은 수입과 지출, 생활비, 담보, 절약 계획, 보험, 아이들을 위한 통장, 노후 연금 등을 관리하고 계산하고 그에 관해서 잘 알고 있는 상태를 말한다. 이런 일들은 틈틈이 해결할 수 있는 문제가 아니다. 따라서 증권 계좌만 관리하지 말고, 당신의 돈을 장기적으로 어떻게 관리할지를 정기적으로 생각해보는 게 좋다.

재산을 객관적으로 점검해본다

미국의 마케팅 전문가 토머스 스탠리Thomas J. Stanley와 윌리엄 댄코 William D. Danko가 간단한 규칙을 하나 개발했는데, 이것을 이용해 당신의 재산을 객관적으로 점검해볼 수 있다.

1. 총 연소득(월급, 이자소득, 자녀 수당을 모두 포함)에 나이를 곱한다.
2. 그것을 10으로 나눈다.
3. 2의 결과에서 상속받은 재산이나 선물 등의 값을 뺀다.

이렇게 해서 나온 결과가 바로 당신의 재산 기준치가 된다. 그러니까 현재 나이에 그만큼의 재산을 벌었어야 했다는 뜻이다.

예: 니나는 36세이고 조는 38세로 자녀 수당을 포함해서 이들의 연소득은 총 5만 5000유로다. 5만 5000유로에 두 사람 나이의 평균인 37을 곱한다. 이 수치를 10으로 나누면 20만 3500유로가 나온다. 만약 이들의 재산이 이 정도가 되면, 또래의 소득과 비교해서 평균적으로 많은 재산을 모은 셈이다. 만일 그들의 재산이 기준치보다 두 배가 더 많다면 재산을 모으는 데 성공한 편에 속한다. 그리고 그들의 재산이 기준치의 2분의 1이나 그 이하라면 그들은 평균 이하로 재산을 모은 편에 속한다. 각자 재산 기준치를 계산해보고, 그 결과를 실제 자신의 빚을 제외한 현재 재산과 비교해보기를 바란다.

자신의 재력 이하로 산다

연봉이 높다고 해서 복지가 보장되는 것은 아니다. 지출할 때도 돈을 벌 때와 마찬가지로 주의를 기울이는 사람만이 재정적으로 탄탄해질 수 있다. 스탠리와 댄코에 따르면, 보통 이상으로 재산이 많은 부자들을 보더라도 사람들은 그들이 잘산다는 사실을 잘 알지 못한다고 한다. 부자들은 소득에 비해 훨씬 적은 돈을 소비하는 탓이다. 그들은 가격을 의식해서 소비하고 돈을 장기적으로 투자하며, 절약 목표를 구체적으로 정해두고 가계부를 작성한다. 또한 자식들에게 아르바이트를 하라고 권장하고 새 차 대신 중고차를 구입하며, 흔히 땅값이 비싸지 않고 이웃들이 그리 사치를 부추기지 않는 동네에서 산다.

10퍼센트의 원칙에 따라 산다

매달 남은 돈으로 저축을 해서는 안 된다. 매달 초에 적어도 월급의 10퍼센트를 저축하고, 아무리 많이 쓰더라도 남은 금액 내에서 지출하도록 한다.

수입에 들이는 노력만큼 지출에도 신경을 쓴다

경제적 안정감과 재정의 자립은 수입이 늘어난다고 해서 자동적으로 크게 증가하지는 않는다. 평범하게 소득을 늘리는 사람들은 어쩔 수 없이 한 푼이라도 의식하며 소비하는 반면에, 그보다 돈을 좀 더 많이 벌거나 두 배 이상 버는 사람들은 번 돈을 아무 생각 없이 지출하는 경향이 있다. 돈이 충분하기 때문이다. 또 스트레스를 많이 받아서 돈 쓰는 일 외에 달리 할 일이 없기 때문이기도 하다. 당신이 즐기고 향유하는 것이 늘어날수록 저축하는 돈은 줄어들며, 비상시 그에 대처할 능력도 줄어든다. 또한 당신은 사장에게 잘 보여야 하고 회사는 점점 적자를 내게 되고, 당신이 회사에 요구할 기회는 물론 회사의 제안을 거절할 기회도 점점 줄어든다. 앞으로 최소한 현재의 수준만큼은 수입을 늘려야 한다는 강박관념에서 더욱더 벗어날 수도 없다.

'효율적으로 집안일 하기'의 의미

이 장의 내용 중에서 어떤 것을 실행에 옮기려고 하는가? 늦어도 언제쯤 할 수 있는가? 가족과 집안일 포트폴리오에서 앞으로 어떤 측면에 더 신경을 쓸 것인가?

5장

일의 굴레에 빠지지 않았는가

일과 삶 사이에서 유영하기

일은 삶에 큰 영향을 끼친다. 우리에게 만족과 행복을 주기도 하고 좌절과 실패감을 맛보게도 한다. 나아가서는 일이 우리를 제멋대로 이끌기도 한다. 사회가 일과 삶 사이에서 갈등하는 우리를 채찍질할수록 일의 즐거움은 퇴색될 것이다. 이번 장에서는 행복을 잃지 않으면서도 일을 잘 해낼 수 있도록 일과 삶 사이에서 적절히 유영하는 태도를 배울 수 있다.

●

만일 내가 다시 태어난다면 나는 이른 봄부터 늦가을까지
맨발로 걸어 다닐 것이다.

호르헤 루이스 보르헤스Jorge Luis Borges

●

때때로 나는 초고속열차 안에 앉아있는 듯한 느낌을 받는
다. 차창 밖의 풍경은 순식간에 지나가서 내가 어떤 경치를 봤
는지조차 알 수 없다. 나는 늘 기차가 멈춰 서서 아름다운 경치
를 잠시라도 감상할 수 있었으면 하는 바람을 갖고는 한다. 하
지만 내가 기차를 타고 달리는 구간에는 정류장이 없는 것 같
다. 나는 비상시에 사용하는 브레이크를 잡아당겨 기차에서 내
릴 수도 있다. 하지만 그렇게 될 경우 기차는 나를 다시 태워주

지 않고 그냥 가버릴 것이다. 내 얘기를 들은 친구는 이렇게 말했다.

"어쨌거나 넌 직접 네 인생을 운전하면서 속도와 정차할 곳을 결정해야 될 거야."

나는 내 일을 대체로 사랑한다. 하지만 일에 쫓기는 나보다는 느긋하게 휴가를 즐기는 내가 더 좋다. 그래서 얼마 전부터 쫓기지 않고 여유 있는 생활을 시험적으로 해보고 있다. 그런데 그렇게 살기란 여간 어려운 게 아니었다. 내 일이 나를 멋대로 이끌고 있었다.

아마 나만 그렇지는 않을 것이라고 확신한다. 자신의 일을 좋아하든 그렇지 않든, 직업은 우리의 행동과 사고에 가장 중요한 역할을 하는 것이 사실이다. 따라서 직장생활을 잘 해나가는 것은 그 어떤 일보다 중요하다.

일 포트폴리오 작성하기

현재 삶의 주된 과제는 무엇인가? 당신의 직업인가? 막 설립한 당신의 회사인가? 교육, 대학 공부, 아니면 새로운 분야를 배우는 것인가? 당신은 이 영역에서 어느 정도 만족하고 있는가? 약점과 강점은 무엇인가? 당신의 일은 재미있는가, 아니면 좌절감을 안겨주는가?

일과 관련해서 당신이 생각해볼 만한 사항들을 작성하여 포트폴리오에 기입해보라. 그리고 각 항목마다 이런 점들을 고민해봐야 한다. "이 일은 나에게 얼마나 중요한가?" "현재 내가 이 부분을 얼마나 잘 실현하고 있는가?" "이것을 위해 나는 시간적, 감정적, 재정적 에너지를 어느 정도 쏟는가?" "어떤 부분에서 내가 얼마나 성공을 거두었는가?"

다음과 같은 요소들을 포트폴리오에 기입하면 된다.

· 인정	· 고객
· 명예, 특권	· 창의력
· 작업 환경	· 개인적인 발전
· 작업 시간	· 안전
· 작업 과제	· 의미
· 승진 기회	· 사회적 관계
· 주문 상태(자영업자인 경우)	· 재미
· 직장 분위기	· 유명세
· 사장	· 책임
· 쓸모 있는 사람이라는 느낌	· 추가적으로 받는 직업 교육
· 돈(월급, 사례금, 매상)	· 시간 분배
· 직접 프로젝트를 기획	· 소속감
· 정체성	· 동료들
· 경쟁	· 안정성

당신의 포트폴리오에 어느 정도로 만족하는가? 어떤 요소를 개선하고 싶은가? 당신의 내적 동인을 방해하는 요소는 무엇인가? 포트폴리오에 당신의 목표를 화살표로 그려 넣고, 필요 없는 요소는 삭제하고, 새로운 요소는 추가할 수 있다.

우리가 '일 중독'이 되는 이유

성공한다는 것은 매력적인 일이다. 회사 대표로 박람회장에서 신제품을 소개하고, 정말 원했던 주문을 받아내고, 새로운 아이디어를 개발하고, 멋지게 프레젠테이션을 하고, 불가능한 약속 기한을 지켜내고, 까다로운 고객을 만족시키는 일. 다른 사람들보다 일찍 팀장으로 승진해서 아내를 놀라게 하고, 원했던 발표를 성공리에 마친 이야기를 남편에게 들려주는 일. 이처럼 성공에 대한 경험은 우리를 지적으로 자극하는 것만으로 그치지 않는다. 우리가 하는 일은 자존심, 사회적 지위, 성공과 만족감을 결정하는 가장 중요한 열쇠다.

행복 연구가인 칙센트미하이의 연구에 따르면, 성인들은 감정의 절정이라 할 수 있는 플로(flow: 어떤 행위에 깊게 몰입하여 시간의 흐름이나 공간, 더 나아가서는 자신에 대한 생각조차 잊어버리게 될 때를 일컫는 심리적 상태이며, 일을 통해 얻는 최고의 쾌감이라고 볼 수 있다 - 옮긴이 주)를 여가 시간보다 일을 하면서 느끼는 경우가 더 많다고 한다. 특히 창의적인 직업에 종사하는 학자, 광고 카피라이터, 오페라 가수, 웹 디자이너들이 그렇다. 물론 수공업자, 판매업자, 세무 공무원들도 일을 하면서 그런 감정을 느낀 적이 있을 것이다.

일에 푹 빠져서 즐거움을 얻는 것은 결코 운명적으로 정해진 소수만이 누리는 특권이 아니다.

좋은 성과는 심리적으로 볼 때
아드레날린이 오랫동안 분비되는 것과 같은 작용을 한다.

우리의 행동이 우리의 마음을 사로잡으면 뇌는 그 행동을 칭찬하기 위해서 환상적인 호르몬, 특히 엔도르핀이라는 호르몬으로 칵테일을 만들어낸다고 보면 된다. 이 칵테일은 여가 시간보다 직장에서 더 자주 만들어진다. 직장생활에서의 규칙이란 많은 측면에서 난처한 단체 게임과 비슷하다. 즉 목표는 분명하고 성공과 실패를 측정할 수 있으며 승자와 패자를 분명하게 알아볼 수 있고 과제와 능력은 대체로 부합한다.

물론 우리가 하는 일이 우리에게 더 많은 것을 요구할수록, 그리고 직장 분위기가 좋을수록 일상생활은 그만큼 뒷전으로 밀려날 것이다. 집에 있으면 마치 급유나 타이어 교체를 위해 자동차를 정지시킨 상태에 있는 듯하고 가족과 친구들은 무대 가장자리에 서 있는 단역배우처럼 퇴색해버린다. 이른바 일과 '결혼한' 사람들은 직업 밖에서 인정을 받고자 하지도 않고 충만함도 기대하지 않는다.

극작가 울리케 뮌히Ulrike Münch는 일간지 〈남독 신문Süddeutsche Zeitung〉과의 인터뷰에서 자신의 일이 삶에 어떤 영향을 주는지에 관해서 이렇게 말했다. "나는 텔레비전도 보고 싶지 않고 다른 어떤 일도 하려 들지 않아요." 사람들과 약속은 점점 쌓여가고, 고객은 재촉하며, 다른 사람과 경쟁을 하고 있으면 망가진 세탁기도 눈에 들어오지 않고, 가족 행사나 심지어 자신의 결혼기념일조차도 시간을 빼앗아 가는 시간 도둑으로 여겨진다. 그래서 가족이나 친구들이 우리에게 관심을 가져줄 것을 요구하면 일에 집중할 수 없다면서 화를 내고 만다.

일에서 재미를 느끼다 보면 어느 순간 일에 중독된다.

일 때문에 삶을 밀쳐버린다면 우리는 행복할 수 없다. 어떤 일을 하더라도 우리가 정말 원하는 것은 다채롭고 흥미로운 삶이니 말이다. 대부분의 사람들처럼 가족과 건강을 삶에서 가장 중요한 부분으로 생각한다면 일을 최우선시해서는 안 된다.

당신은 일을 얼마나 중요하게 생각하는가

다음의 질문에 답하면 당신이 일을 얼마나 중요하게 생각하는지를 알 수 있다. 자신에게 해당하는 사항에 체크해보자.

☐ 내 '삶의 포트폴리오'에서 일은 '삶에서 중요한 요소'에 속한다.

☐ 일에 관해 얘기하는 것을 가장 좋아한다.

☐ 중요한 프로젝트를 앞두고 있으면 밤에 잠을 잘 이루지 못한다.

☐ 친구나 가족을 위해 내줄 시간이 별로 없다.

☐ 침대에 누워서, 주말이나 휴가 때도 일하는 경우가 있다.

☐ 할 일이 많으면 커피와 초콜릿으로 끼니를 때운다.

☐ 동료들이 느릿느릿 행동하거나 꿈쩍도 안 해서 화가 날 때가 많다.

☐ 명예욕이 강하고 경쟁을 좋아한다.

☐ 가끔 주말에도 사무실에 들른다.

☐ 개인적인 문제로 발생하는 갈등을 회피하기 위해 일 뒤에 숨을 때가 많다.

☐ 여가 시간은 나에게 그리 중요하지 않다.

체크한 숫자가 많을수록 당신은 그만큼 더 일에 매달려 있는 부류에 속한다. 어쩌면 온통 일 생각에 빠져서 삶의 다른 영역에는 신경조차 쓰지 않을지도 모른다. 어떻게 일과 삶의 균형을 맞출 수 있는지 생각해보는 것이 좋다.

작은 것부터 시작한다

아주 짧더라도 휴식 시간을 즐기도록 한다. 창밖을 내다본다거나 에스
프레소 한 잔을 마시는 것이다. 급한 일이나 매우 중요한 일인 것처럼 보
이더라도 무턱대고 매번 떠맡지 않도록 한다. 그리고 현재 계속해서 야
근을 하고 있다면 매일 지금보다 15분 일찍 퇴근한다.

자신만의 통과의례를 치른다

우리는 일에 거의 모든 것을 쏟아붓고는 한다. 그리고는 집에서는 멍하
니 있는 경우가 많은데 이는 가족에게 못할 짓을 하는 셈이 된다. 그러므
로 일과 일상생활을 명확하게 구분해주는 의식을 치르는 게 좋다. 가령
퇴근하면 우선 샤워를 한다거나 러닝머신으로 운동을 한다거나 아이들
과 놀이터에 간다거나 개를 데리고 산책을 가겠다고 가족과 약속을 하
는 것이다. 또는 집에 가서 요리를 하면서 긴장을 풀 수도 있는데, 미친
듯이 먹기 위해서가 아니라 요리를 하는 동안에는 직장에서의 일에 대
한 생각을 어느 정도 차단할 수 있기 때문이다.

'통과의례'라는 말은 프랑스의 민속학자 아르놀드 방주네프Arnold Van
Gennep가 어떤 상태가 변하면 나타나게 되는 습관을 일컬어 사용한 표현
이다. 이런 통과의례를 치름으로써 우리는 장시간 일한 뒤에 몸뿐 아니
라 마음도 집에 갈 수 있다.

일과 여가 시간을 분리한다

스마트폰은 항상 옆에 끼고 있고 노트북도 바로 곁에 두고 있으며 주말이 되어도 프로젝트에 대한 생각이 뇌리를 떠나지 않는다. 가족과 일상생활이 가장자리로 밀려나는 이런 현상을 두고 학자들은 스필오버 (spillover: 일반적으로 위성 전파가 주변국까지 넘어감으로써 타국의 문화에 영향을 주는 현상을 말하지만 여기서는 일이 일상생활을 침범하는 것을 말한다 – 옮긴이 주)라고 한다. 이런 현상을 막으려면 다음과 같이 행동해야 한다.

- 집에 일거리를 절대 가져가지 않는다.
- 최소한 일요일에는 아무 일도 하지 않는다.
- 휴가 때는 (꼭 필요하다면) 이메일을 하루에 한 번 정도만 열어본다.
- 거실에는 전문 서적을 두지 않는다.
- 식사를 할 때 또는 침대에서 일하지 않는다.
- 당신의 일을 가족과 공유하되, 집에 있는 시간 내내 그리고 여가 시간에도 끊임없이 일에 대해 얘기하는 습관은 버린다.

개인적인 약속을 정해둔다

우리는 삶을 즐길 수 있는 시간을 가져야 한다. 가끔 공연을 보러 가거나 연주회도 가고 주중에 한두 번씩 에어로빅을 배우러 가는 시간을 달력에 표시해두도록 한다.

일에서 진정한 기쁨을 찾는 방법

28세인 안나는 번역가로 일하고 있으며 전문 분야는 법과 행정이다. 대학에 다닐 때에는 거창한 계획을 세우기도 했다. 몇 년 동안 외국에 가서 국제기구 같은 곳에서 일할 생각이었다. 그런데 졸업반이 되어 마티아스를 사귀게 되었고 그는 마침 의대생으로 전문의 교육을 받느라 정신이 없었다. 안나는 하는 수 없이 기술 서류를 번역하는 기획사에서 번역 일을 맡아 했다. 그동안 두 사람은 동거를 하게 되었고, 안나는 주로 제품 사용설명서와 제품 광고의 내용을 번역했다. 기획사는 잘 되었고 안

나도 적지 않은 돈을 벌었으며 번역자를 구하는 곳이 한창 많던 시절이었다. 그렇지만 안나는 일이 재미가 없었다. 자신이 번역하는 텍스트가 지루하고 언어적으로 무미건조하기만 했다. "만일 다른 대안이 있다면 당장 일을 그만둘 거예요. 다른 것을 공부했더라면 좋았을 텐데"라고 그녀는 나지막한 소리로 말했다.

자신이 하고 있는 일에서 좌절감을 느끼는 원인은 여러 가지가 있다. 예를 들면 직장을 잃을지도 모른다는 두려움, 상사와 동료들 때문에 생기는 문제들, 불친절하고 신경을 거슬리게 하는 고객, 능력에 비해 쉬운 업무, 능력에 비해 과도하게 어려운 업무, 충분히 인정받지 못하거나 스스로 결정할 수 있는 가능성이 별로 없는 경우, 그리고 안나처럼 자신이 하는 일에 대해 실망했을 때다.

이런 좌절감을 느끼면 본인이 치러야 할 대가가 만만치 않다. 우선, 하는 일이 무의미하다거나 일하는 것이 부담스럽게 느껴지면 하루 중 가장 좋은 시간을 즐겁게 보낼 수 없게 된다. 돈이나 안정도 그와 같은 결핍을 보상할 수 없다. 두 번째, 일에 불만을 지닌 채 문제를 해결하지 못하면 심리적인 요인으로 면역 체계가 약해져 몸에 병이 생기거나 정신적인 장애를 앓게 될 수 있다. 세 번째, 승진이 거의 불가능하거나 똑같은 일을 반복함으로써 느끼는 고통은 사생활에도 영향을 미친다. 1980년대 미국 태생의 학자 바르톨로메Bartolomé와 에번스Evans는 2000명이 넘는 회사 간부들과 그 가족을 대상으로 한 연구에서 '직장에서 만족하지 못하는 간부들은 대부분 행복한 가정생활을 꾸려나가지 못한다'는 결과를 얻었다. 40여 년 전의 이 연구 결과는 지금도 딱 들어맞고 있다.

일에서 느끼는 좌절감은 운명이 아니다. 우리에게는 새로운 직장을 찾을 수 있는 자유가 충분히 있다. 또한 그렇듯 극단적인 결정을 내려야 하는 경우는 드물다. 비록 직업으로 삼은 일이 완벽하지는 않다 하더라도 그로부터 많은 기쁨을 얻을 수 있다는 말이다.

핀란드에서 전해 내려오는 다음의 이야기를 들으면 그렇게 될 수 있는 길을 알게 될 것이다. 석공 두 명이 화강암을 부수고 있었는데 지나가던 행인이 무얼 하느냐고 물었다. 한 석공이 행인은 쳐다보지도 않은 채 지루한 듯 대답했다. "보다시피 화강암을 깨고 있습지요." 그런데 다른 석공은 이렇게 대답하는 것이었다. "나는 성당을 세우는 일에 참여하고 있소이다."

실천하기 2

적극적으로 움직인다

삶은 우리가 하고 있는 일에 좌우되기도 한다. 따라서 일에서 좌절감을 느끼는 경우 그것을 당연하게 받아들여서는 안 된다. 이때는 당신의 직장과 일에 관해 작성한 포트폴리오를 한번 분석해 봐야 한다. 포트폴리오에 있는 요소들 가운데 어떤 것들이 '삶에서 중요한 요소'인가? 어떤 것들이 '저절로 잘 돌아가는 요소'인가? 또 어떤 것들이 '내가 신경 쓰고 있는 요소'에 속하는가? 긍정적인 요소들이 부정적인 요소들을 보완해 줄 수 있을 만큼 강력한가?

만일 그렇다면 부정적인 요소들을 향상시키기 위해 무엇을 할 수 있는가? 만일 그렇지 않다면 새로운 일을 구하는 데 걸림돌이 되는 것은 무엇인가? 실업률이 엄청나게 높기 때문인가? 아니면 입사지원서를 쓰고, 지금보다 적은 월급을 받고, 새 직장을 위해 이사를 하고, 새롭게 일을 시작해야 하는 것이 싫기 때문인가?

어쨌거나 당신은 목표를 확실하게 정해둬야 한다. 그리고 그것을 실행에 옮길 수 있도록 계획을 짜야 한다.

일을 재미있게 할 수 있도록 분위기를 조성한다

일이 그다지 흥미롭지 않은가? 팀원들이 신경을 거슬리게 하는가? 직업학교나 대학에서 배운 전문 지식을 활용할 수 없는가? 만일 이런 상황에 놓이면 모든 것을 체념해버릴 수도 있다. 또는 반대로 당신은 그와 같은 상황에서 전혀 다르게 행동할 수도 있다. 회사 분위기나 회사의 성공, 당신 개인의 만족을 위해 적극적으로 나설 수 있다. 요컨대, 힘들고 곤란한 상황에 처하면 전혀 다른 두 가지 행동을 할 수 있다는 것이다. 귀찮은데 손님이나 환자들을 내쫓아버릴까, 아니면 끝까지 도와줄까 같은 방식으로 말이다. 내용상 지겨운 부분을 가차 없이 삭제하고 번역할까, 아니면 이해하기 쉽도록 토씨 하나 빠뜨리지 않고 정확하게 번역할까? 오래된 컴퓨터 소프트웨어에 대고 실컷 욕설을 퍼부을까, 아니면 차라리 내가 매크로를 하나 만들어서 사용할까? 끝없이 길어지는 회의에 화를 낼까, 아니면 모두가 한눈에 알아볼 수 있도록 선택 사항을 차트로 만들어볼까? 동료 직원의 불평에 맞장구를 칠까, 아니면 좀 더 즐거운 화제로 바꿀까?

더 많은 것을 해낼 수 있는 방법을 끈기 있게 찾는 사람은 두말할 필요 없이 직장에서 또는 일을 하면서 더 많은 기쁨을 얻을 수 있다. 그리고 성공하는 경우도 훨씬 더 많을 것이다.

'해야 돼'가 아니라 '할 거야'라는 표현을 쓴다

어떤 직장에서든 별로 하고 싶지 않은 일들이 있기 마련이다. 신청서 작성, 서류 복사, 보관 업무, 내키지 않는 전화 통화 등이 그럴 것이다. 그런데 이런 일을 하기 싫다고 거부하면 할수록 그만큼 더 많은 에너지를 소비해야 한다. 그러니 선택의 여지가 없는 일은 그냥 받아들이고 마음속으로도 거절하지 말고 해결하도록 한다. 지극히 사무적이고 객관적이며 또 전문적으로 말이다.

회사와 일체감을 강화한다

일에 재미를 못 느끼는 사람은 회사와 일체감을 느끼는 경우가 드물다. 이를 방지하는 몇 가지 방법을 소개한다.

- 쓸데없는 수다는 떨지 않는다. 동료가 사장의 기분이 어떤 상태라며 불평하는 것을 귀담아듣거나, 이번 조직 개편은 말도 안 된다는 주장에 맞장구를 치지 않는다. 그 대신 휴가 계획이나 최근에 인기 있는 영화로 화제를 돌리도록 한다.
- 처음에는 가끔씩 그리고 시간이 지나면서는 자주, 일을 재미있게 하는 동료들과 대화를 나눈다.
- 집에서나 친구들 모임에서 가능하면 당신이 다니는 회사의 긍정적인 면을 얘기한다. 당신의 비위를 거슬리는 측면에 대해서도 얘기하되, 너무 감정을 개입하지 말고 객관적이고 중립적인 입장에서 말하도록 한다.
- 당신이 다니는 회사에 대한 기사가 나면 반드시 읽어본다.
- 당신이 다니는 회사가 주식시장에 상장하면 자사주를 구입한다.

워라밸은 거저 주어지지 않는다

객관적으로 보면 우리는 과거보다 일을 적게 한다. 1년 동안 독일 사람들이 사무실에서 보내는 시간은 1600~1700시간이라고 한다. 그런데도 주관적으로 우리는 노동이 우리의 삶을 지배한다고 느낀다.

그런 이유 가운데 하나는 시간에 쫓기면서 일하기 때문이다. 사실 휴가도 있지만 스케줄로 꽉 짜여 있는 주중에는 출퇴근 시간도 길고 해야 할 일도 많으며, 심지어 일거리를 집에까지 가져가기도 한다. 게다가 남들보다 뒤떨어지지 않으려면 전문서도 찾아 읽어야 하고 화장도 하고 다녀야 하며 늘 새로운 정보를 얻어야 하고 스타일이 좋아 보여야 한다는 강박관념에 시달리고 있다. 그러다 보니 많은 사람들이 가족은 뒷전으로 밀어두는 편이다. 아침에는 시간에 쫓겨서 다른 일을 하지 못하고 저녁이면 어떤 것도 할 수 없을 만큼 피곤하다.

무엇보다 일에서 벗어난 시간에도 일 생각을 쫓아버릴 수 없는 것이 문제다. 우리는 직장 또는 자신이 하고 있는 일로 스스로를 규정하기 때문이다. 또한 정신노동이 육체노동보다 힘은 덜 들지만, 그 대신 잠잘 때조차 일에 대한 사념이 우리 머릿속을 떠나지 않는다. 일에서 벗어나지 못하는 또 다른 이유는, 정신노동에 속하는 분야에서는 혁신, 신속, 전문성에 대한 요구가 강해지고 있으며 많은 직종에서 경험보다 오히려 풍부한 아이디어를 더 요구하기 때문에 잠시도 신경을 다른 곳에 쓸 겨를이 없기 때문이다. 게다가 제품의 수명 주기가 짧아지고, 조직개편, 개혁과 합병이 일어나는 시기에는 직장 일을 우선적으로 해결하다 보니 평범한 일상생활조차 즐길 여유가 없어진다. 매일 활기차고 창의적으로 일해야 하며, 자신의 약점도 지치는 것도 허용하지 않는 사람은 결국 삶을 아무런 생각 없이 살아야 할 것이다.

우리는 일하는 것을 좋아한다.
하지만 삶을 사는 데 더 많은 시간을 낸다면 좋겠다.

무엇보다 우리가 원하는 바는 가정생활과 일을 잘 조화시켜나가는 것이다. 소위 말하는 '워라밸'은 가만히 있는다고 누군가 와서 손에 쥐어 주지 않는다. 정부나 사회체계가 우리들을 위해 새로운 복지를 마련해줄지도 모를 미래 언젠가(그게 10년이 될지 20년이 될지는 아무도 알 수 없다)까지 나의 삶을 미룰 수도, 그렇게 오랫동안 기다릴 수도 없다. 따라서 우리는 우리가 직접 나서서 일과 일상생활을 더욱 균형 있게 조절하고, 그 사이에서 유영할 줄 알아야 한다.

노동이 당신의 가치를 정할 수 없다

시간이 지나면 오로지 일만을 위해 사는 사람보다 일도 하고 자기 인생도 적극적으로 사는 사람이 유리해진다. 예를 들어

파트 타임이나 휴직, 출퇴근 시간을 탄력 있게 조정해달라고 의식적으로 요구하는 이들이 바로 그와 같은 이점을 누리는 사람들이다. 또는 자신의 이상과 재능 그리고 좋은 삶에 대한 기대에 어울리는 직업과 프로젝트를 구하는 사람들이다. 출장이나 야근 그리고 승진 기회조차 한 번쯤 거절할 수 있는 용기와 내적인 힘을 가진 사람들이다. 마지막으로 그런 모든 것을 할 수 있는 사람들로, 이들은 내적으로는 물론 경제적으로도 독립적이다.

사회학자 오스카 넥트Oskar Negt는 이렇게 말한다. "우리가 사는 이곳에서는 인간의 존엄성이 노동을 통해서 정해진다." 바꿔 말하면 일이 없는 사람은 쓸모도 가치도 없는 사람으로 간주된다는 뜻이다. 그러니 많은 사람들이 실직을 끔찍하게 두려워하는 것도 놀랄 일이 아니다. 이런 두려움을 호소하는 사람들은 공장 노동자나 광부, 비서들뿐만이 아니다. 사장이나 은행장, 그리고 이미 위신이 실추된 정재계의 거물들도 일과 함께 자신의 가치와 자신에게 당연하다고 여겨지는 모든 것을 상실하지 않을까 두려워한다.

실직하는 것과 무가치한 존재가 되는 것이 두려워 우리는 무형의 법칙에 복종하고 휴가를 연기하고 매일 11시간씩 일하면서도 군소리조차 하지 않는다. 이런 것을 따르지 않는 자는 쫓겨날 수 있으니까 말이다. 물론 그와 같은 규칙을 직접 정할 수 있을 정도로 강력한 힘을 가지고 있으면 예외겠지만.

29세인 슈테판은 3년 전에 정보학과를 우수한 성적으로 졸업했다. 그는 당연히 직업적인 성공을 원하지만 행복한 일상 역시 포기하고 싶지 않았다. 대부분의 사람들은 말만 그렇게 하지만 슈테판은 시작부터 자신의 목표를 일관성 있게 지켜나갔다. 대기업이나 당시 한창 뜨고 있던 벤처기업에 취업하던 동기생들과 달리 그는 대학을 졸업한 뒤 소규모 텔레비전 생산 회사에 들어갔다. 이 회사는 관련 분야의 전문 소프트웨어를 개발할 계획이었고 슈테판에게 상여금도 주지 못하고 주식도 주지 못했다. 하지만 슈테판은 회사 내에서 정보학을 전공한 유일한 직원으로 회사의 프로젝트를 이끌어나갈 두뇌가 될 것이 분명했다. 그래서 마침 몇 달 전에 아버지가 된 슈테판은 회사와 업무 조건을 협상할 수 있었다. 물론 다른 사람들은 꿈에서나 생각해볼 수 있는 조건이었다. 주당 30시간 일을 하고 출퇴근 시간 역시 마음대로 조정할 수 있으며 월급도 삭감하지 않는다는 조건이었다. 강자는 회사에 뭔가 부탁하는 사람이 아니라 협상파트너가 될 수 있다. 이제 당신이 상대에게 예속되지 않을 수 있는 몇 가지 방법을 얘기해보겠다.

자신의 시장가치를 높인다

노동 시장도 농산물 시장과 다를 바 없다. 희귀하고 많은 사람이 원하는 물건은 값이 비싸다. 그러므로 다른 사람들이 쉽사리 보여줄 수 없는 실력을 쌓아야 한다. 이를테면 새로 나온 대차대조표 소프트웨어를 유일하게 다룰 줄 아는 세무서 보조 직원, 단골손님이 많은 정신과 의사, 동료들과 달리 여러 차례 상을 탄 디자이너는 함부로 다른 사람으로 대체하기 어렵다.

당신이 갖고 있는 노하우와 인간관계가 바로 당신의 자본이다. 이런 자본이 많을수록 개인적인 요구 사항을 당당하게 말할 수 있고 더 안정감 있게 살 수 있다. 실력 있는 사람은 모든 일을 자신이 직접 할 필요가 없다.

자신의 시장가치를 테스트해본다

자신의 가능성을 알면 덜 불안하다. 그러므로 2~3년마다 다른 회사에 입사 지원을 해보도록 한다. 직장을 옮길 생각은 꿈에도 없다 하더라도 다른 회사에서 당신을 원한다는 사실을 알면 자존감도 올라가고 당신의 현재 위치도 더 탄탄해진다.

돈을 위해서라면 무슨 일이든 하겠다는 생각은 버린다

종속되기를 원치 않는다면 자신의 자유를 저당 잡혀서는 안 되며 돈 때문에라도 그렇게 해서는 안 된다. 앞으로 오를 월급과 상여금까지 고려해서 무리하게 넓은 집을 구하지 말고 차라리 임대로 살든지 평수가 작은 집을 산다. 그렇지 않으면 회사에서 비굴하게 행동하게 될 경우가 많아진다. 은행 융자금을 갚으려면 돈이 필요할 테니까.

모든 것을 잘할 필요는 없다

영국의 철학자 윌리엄 오컴William of Ockham은 '적은 것으로 충분히 달성할 수 있는 목표를 많은 것을 동원해서 이룩하는 것은 허무한 일'이라고 말했다. 오늘날에도 단순함의 원칙은 인기를 얻고 있다. 포르셰, 이케아, 코카콜라는 자기 브랜드에 대한 자신감이 넘쳐나는데, 이는 생산 과정, 제품, 영업 분야를 분명하게 정해놓았기 때문이다. 이들 기업들은 주력 상품에만 집중한 덕분에 탁월한 명성을 얻고 있다. 엄청난 압박이나 특별한 고난 같은 것을 겪지 않고도 성공할 수 있다는 말일까? 이들 기업을 보면 그렇다고 할 수 있다.

적은 노력으로 보다 더 높은 성과를 올릴 수 있다.

예를 들어보겠다. 레나와 프란치스카는 가끔 조직 관리와 시간 관리에 대한 세미나를 한다. 그런데 레나는 세미나를 할 때마다 기분이 좋지 않았다. 심리학 박사인 그녀에게 대기업은 낯설기만 한 반면, 프란치스카는 경험이 풍부한 마케팅 전문가로서 기업에서 발생하는 갈등 상황과 작업 프로세스에 관해서 환히 알고 있고 그래서 아주 능숙하게 세미나를 이끌어나갔다. 이 때문에 레나는 부족한 경험을 보충하기 위해 많은 시간을 세미나 준비에 바쳤다. 그런데도 세미나를 하는 동안 자신에 대해서 절망감을 느끼고는 한다고 고백했다. 이렇게 하여 두 사람은 상대에게서 장점을 배울 수 있음에도 서로에게 스트레스를 주게 되었다. 무의식중에 벌이는 경쟁은 결국 세미나를 듣는 청중들에게까지 알려지고 말았다.

카탸와 볼프강도 이와 비슷한 문제에 직면하게 되었다. 두 사람은 인터넷과 E-비즈니스에 관한 책을 발행하고 있는데, 첫 번째 아이템이 끝나자 볼프강이 해낸 일이 카탸에게는 무척 어렵다는 사실이 분명해졌다. 새로운 작가를 발굴하고 영입하는 문제에서 볼프강은 타의 추종을 불허할 만큼 능숙하게 잘했다.

카탸는 그처럼 천재적인 사교성을 지닌 볼프강의 재능을 시기하지 않고 인정해주었다. 사실 그녀의 장기는 다른 분야에 있었다. 볼프강과 달리 카탸는 장황한 표현을 정교하게 다듬을 줄 알았다. 작가들도 그녀의 그런 능력을 높이 평가하고 있었다.

레나는 삶을 매우 어렵게 만들고 자신의 약점을 보완하지 않는 반면에 카탸는 삶을 쉽게 만들고 자신의 장점을 부각시켰다. 당연히 카탸가 더욱 성공할 수 있다. 카탸는 자신의 타고난 재능을 잘 알고 있었고, 따라서 적게 노력하고도 많은 성공을 이뤄낼 것이기 때문이다.

힘들게 노력해서 이뤄내는 일이 약간 노력해서 이뤄내는 일보다 더 가치 있게 보일 때가 많다. 하지만 우리는 다음과 같은 점을 간과하고 있는 것이다.

모든 것을 잘하지 않아도 되고, 또 모든 것에 개입할 필요도 없다.

한때 독일의 저가 제품 체인점인 알디를 경영하기도 했던 디터 브란데스Dieter Brandes는 그와 같은 현상을 꼬집어서 "유명한 레스토랑은 메뉴가 간단하지요"라고 한마디로 요약해서 표현했다.

많은 기업이 직원들의 개성을 발굴해낸다. '차별화 관리 Diversity Management'라는 인적 관리 전략은 직원들의 다양한 사고방식, 작업방식, 라이프스타일, 욕구, 신앙 등을 인정해줄 뿐 아니라 이를 기업의 자원으로 이용하는 것이다.

일하다가 기진맥진해서 쓰러진 사람은 적어도 한 가지는 달성했다. 양심의 가책은 받지 않을 것이란 사실이다. 자신이 할 수 있는 모든 것을 다 했다는 확신은 마음에 안정을 심어줄 것이다. 하지만 그 이상은 아무것도 주지 않는다.

나는 이런 경우를 매일 직접 경험하고 있다. 글을 쓰는 작업은 비겁한 사람이 할 수 있는 일이 결코 아니다. 자신이 쓴 글은 좋은 글이며 독자들의 반응이 좋을 것이라는 보장도 없는 상태에서 자판을 두드리는 일을 용기 없는 사람은 할 수 없다. 불안이 며칠 동안 지속되면 나는 글을 쓰고 지우고 수정하고 쓴 글을 던져버리고 다시 처음부터 시작한다. 그렇게 해서 하루 종일 일하고도 어느 정도 완벽해 보이는 글은 겨우 2쪽 정도밖에 안 된다. 이렇게 일하는 방식은 비효율적이다. 이럴 경우 나는, 만일 내가 생각을 자유롭게 하면 스트레스도 훨씬 덜 받고 글도 더 많이 쓸 수 있으리라는 점을 분명하게 깨닫는다. 비록 처음에 쓴 글이 마음에 들지 않더라도 나중에 그 글을 다듬고 또 윤을 낼 수 있을 테니까 말이다.

**이상적인 해결책을 찾느라 많은 시간을 소모하는 사람은
재빠른 경쟁자에게 뒤처지게 된다.**

하나의 제안이 호응을 얻을지, 필요한 전략을 동원해야 할지, 구체적인 플랜으로 나오게 될지는 그 제안을 실행에 옮기고 난 뒤에야 알 수 있다. 어떤 것을 계획하는 단계에서는 우리가 프로젝트에 바치는 노력이 훗날 보상받을 수 있을지 잘 알지 못한다. 하지만 초고속으로 달리는 사회는 신속하고 실용적인 해결책을 기대한다.

고심 끝에 구체적인 계획이 나오면 우리는 용감하고 신속하게 행동하고 그 플랜이 실제로 잘 작동하는지 시험하게 된다. 물론 부딪히고 넘어질 위험도 있다. 그런 가능성을 배제할 수 없다. 우리가 아무리 가능한 모든 경우를 미리 생각하고, 온갖 전문서를 다 뒤져보고, 지칠 때까지 회의를 하고 또 분석을 하더라도 위험은 늘 도사리고 있다.

한 가지 분명한 것은, 직장에서 완벽하게 일하려면 돈과 에너지가 든다는 사실이다. 그 돈과 에너지는 우리의 일상을 희생

한 결과이며, 다른 말로 하면 우리의 일상에 속해야 했던 것이다. 완벽을 추구하는 성향도 우리에게 반드시 좋은 결과를 보장해주지는 못한다.

일단 처음에 좋은 인상을 심어준다

인상이란 순식간에 만들어져서 대부분 오랫동안 지속된다. 그러므로 누군가를 소개받았을 때, 실습 기간에, 또는 팀워크로 일할 경우 초반에는 특별한 노력을 기울여야 한다. 첫인상이 나빴더라도 나중에 대부분 회복되지만 처음부터 좋은 인상을 확실하게 심어두면 일할 때 스트레스를 덜 받는다.

자신이 잘하는 분야에 집중한다

가능하면 별 어려움 없이 두각을 나타낼 수 있는 일들만 한다. 그리고 잘 해낼 자신이 없는 부분은 파트너나 동료, 심지어 경쟁자에게 기회를 준다. 그렇게 하면 당신은 신망을 얻고 스트레스도 덜 받게 된다. 스트레스를 덜 받으니 그만큼 일을 쉽게, 그리고 잘 할 수 있을 것이다. 이런 일로 양심의 가책을 느낄 필요는 없다. 만일 모든 사람이 자신의 특기를 발휘한다면 회사는 물론 회사 분위기에도 좋은 일이다.

당신이 소비하는 에너지의 양을 조절한다

운동선수들은 힘을 신중하게 분배하는데, 특히 장거리를 뛰는 선수들이 그렇다. 그들은 연습하는 날과 실제로 경기가 있는 날을 명확하게 구분한다. 이를 일에 적용하면 매번 당신의 에너지를 모두 쏟아부으면 안 된다는 것을 알 수 있다. 가장 좋은 방법은, 평소에는 에너지를 60퍼센트만 쓰고 특별한 날에 더 많은 에너지를 쏟는 것이다. 특별한 날이란 실습 기간, 고객과 면담할 때, 박람회가 열리기 직전, 프레젠테이션을 할 때 등이다.

자신의 상황에 맞게 타협할 줄 안다

승진에 가장 큰 영향을 미치는 요소는 주중에 일하는 시간이라고 한다. 이것은 경제학자 우도 부르하르트Udo Burchard가 대기업 11곳의 과장 및 팀장 337명을 대상으로 승진을 결정하는 요소를 조사한 결과다. 직원들이 회사에 있는 시간은 아직도 충성심과 일에 대한 성과의 증거로 간주되고 있다. 회사에서는 직원들이 하루 종일 일하고, 또 더 일하는 것을 좋아한다는 말이다. 하지만 나는 전혀 다른 경험을 한 적이 있다. 대학을 졸업하고 소프트웨어 회사에서 기술적인 내용의 문서를 다루는 일을 하는 편집자로 일했는데 그 회사는 근무 시간을 탄력 있게 조정해주었다. 당시 나는 일을 하면서 박사 논문을 써야 했기 때문에 그런 조건은 매우 중요했다. 이 회사에서 능력을 인정받으려면 야근을 해야 하는데 나는 그렇게 할 시간이 전혀 없었다. 그런데 유감스럽게도 당시 사장은 직원들이 밤늦게까지 일하는 것을 좋아했다. 사장에게 야근은 당연한 일이었기에 내가 야근하지 않는 상황을 그는 이해하지 못했다. 그래서 나는 사장과 몇 번 언쟁을 한 적도 있었다. 그런데 내가 독립해서 프리랜서가 되었을 때 첫 번째 고객이 놀랍게도 바로 그 사장이었다.

모든 사람이 한다고 해서 당신도 그렇게 할 필요는 없다. 몇 가지를 시험해보고 당신 자신만의 길을 찾아라.

완벽함의 정도를 결정한다

끝으로 완벽한 성과를 올리는 데 필요한 충고를 하고 싶다. 중요한 업무와 반복해서 하는 업무들을 어느 정도로 완벽하게 처리하고 싶은지부터 정한다. 60퍼센트? 75퍼센트? 95퍼센트? 이때 파레토의 법칙Pareto's law을 꼭 기억해야 한다. 이 법칙에 따르면, 80퍼센트의 성과를 올리기 위해서는 20퍼센트의 에너지만 써도 충분한 경우가 많다. 적어도 반복 작업의 경우에는 그 정도로 충분하다.

'더 높이, 더 빨리, 더 멀리' 나아가기의 함정

크라이슬러 사장을 역임했던 리 아이어코카Lee lacocca는 자서전에서 다음과 같이 썼다.

"중요한 것은, 늘 다음번 목표를 정해야 한다는 것이다. 물론 이렇게 말하는 것이 제정신이 아닌 것처럼 보일 수도 있겠지만."

정말 그럴까? 우리 삶의 의미가 끊임없이 앞으로 나아가고, 승진의 사다리를 타고 계속 올라가고, '더 높이, 더 빨리, 더 멀리'라는 횡포에 복종하는 데 있단 말인가? 젊은 직원들을 관리하는 일보다 나이 든 이사들을 모시는 직위가 우리를 더 행복하게 해줄까? 장관보다 수상이? 이는 사람에 따라, 즉 당신이 어떤 사람인지에 따라서 다르다. 당신의 능력, 관심, 확신에 따라서 다르므로 당신에게 올바른 길은 스스로 결정해야 한다.

미국의 학자 바르톨로메와 에번스는 자신에게 적합한 직업이란 다음의 세 가지 조건을 갖추어야 한다는 사실을 밝혀냈다.

1. 힘들이지 않고 능숙하게 해낼 수 있는 일이다 일을 하다 보면, 이 일이 충분히 할 수 있는 일이며 앞으로 발생할 문제들 역시 별 어려움 없이 해결할 수 있다는 느낌이 든다.

2. 일이 재미있다 재미있는 일은 일을 하는 동안에도 좋은 에너지를 주지만 일 외에도 다른 것을 즐길 수 있는 에너지를 준다. 하지만 안타깝게도 책임과 명성이 늘어나면 일에서 재미를 느끼지 못하게 된다. 그 이유는 일에 대한 의욕이 뒷전으로 밀려나기 때문이다. 개발하거나 병을 고치거나 물건을 파는 대신 갑자기 관리하거나 지도하거나 대표하는 역을 맡아야 하는 까닭이다.

3. 일이 자신의 가치관과 확신에 부합한다 당신은 굽실거릴 필요가 없고 당신의 일이 회사에 반드시 필요하다는 확신을 가질 수 있다. 예를 들어, 중요한 사회 문제를 다루고 싶어 하는 기자라면 부자들이나 유명 인사들에 대한 기사로 가득 찬 잡지에 글 쓰는 일을 좋아할 리 없다. 그런 일은 자기 삶의 목표를 버린 뒤에 누리는 어설픈 안정일 뿐이다.

만일 세 가지 조건이 모두 충족되었다면 아무런 걱정 없이 일하면 된다. 물론 자신에게 적합한 직책을 찾는 노력은 해야 할 것이다. 그렇게 하려면 자의식, 자기 인식, 자기 제한이 필요하다.

스트레스를 덜 받으며 일하고 싶은 사람은 오히려 승진 기회를 잡지 않는 경우가 많을 것이다. 돈과 명예가 유혹하는데 이를 거절하기란 매우 힘들다. 인사팀장이나 가족은 그런 당신을 걱정하면서 좋은 기회를 놓치면 안 된다고 은근히 압력을 넣는다. 그렇다고 너무 오래 고민할 필요는 없다. 자신의 시장가치가 최고에 이르렀을 때 승진을 수락하면 될 것이다.

그때는 이 책이 아무런 도움이 되지 못한다. 당신의 성공이 얼마만큼 가치가 있는지 스스로 결정해야만 한다.

'일과 삶 사이에서 유영하기'가 의미하는 것

이 장에서 어떤 내용을 가장 먼저 실천하고자 하는가? 어느 정도로, 언제까지? 당신의 '일 포트폴리오'에서 중장기적으로 더 많은 주의를 기울여야 하는 측면은?

한꺼번에 너무 많은 것을 하려고 들지 말아야 한다. 책에서 제시하는 방법은 단순하게 보이지만 그 모든 것을 한 번에 시험하기란 불가능하고 그렇게 할 필요도 없다. 우선 다음 주에 실천하고 싶은 목표 몇 가지를 정하라. 만일 당신이 현재 일에 중독되어 있다면 일주일에 세 번 15분 일찍 퇴근하는 것만으로도 큰 발전이다.

나에게 완전히 몰입하고 있는가

: 여섯 번째 유연함의 태도 :
나만의 시간 가지기

오늘날 사람들은 여가 시간은 늘어났지만 자신만의 시간을 가지는 방법은 알지 못한다. 경험 중독적인 취미 활동과 정신없이 바쁜 자기계발 활동으로 채워진 여가 생활은 또 하나의 노동이 되어버렸다. 자신만의 시간을 가질 때 우리는 비로소 삶에 몰입할 수 있다.

●

때로는 휴식이 당신이 할 수 있는 가장 생산적인 일이다.

마크 블랙Mark Black

●

로베르트는 자신의 40세 생일을 맞이하여 파티를 열었다. 시내에서 열린 연극 무대에서는 노르웨이의 극작가 입센의 작품 〈헤다 가블레르Hedda Gabler〉가 초연을 선보이고 있었다. 새로 생긴 갤러리에서는 전시회를 열었고, 따뜻한 날씨는 밖으로 나오라고 유혹한다. 여자 친구 안케는 "영화 보러 갈까? 오늘 저녁 어때?"라는 문자를 계속 보낸다. 그리고 거실 책상 위에는 읽지 않은 책 세 권이 놓여 있다.

삶의 절반은 일하느라 보내지만 그 나머지 절반은 여가 시간 또는 자유 시간이다(물론 잠을 자고 인생의 계획을 짜는 시간은 고려하지 않았다). 분명한 사실은 1990년부터 노동 시간보다 여가 시간이 더 많아졌다는 것이다. 출퇴근하는 시간과 직장에서 일하는 시간을 합하면 1년에 평균 2000시간이고, 사적인 일에 사용해도 되는 시간은 매년 2100시간이라고 한다. 1950년부터 2010년까지를 살펴보면 오늘날처럼 많은 시간을 마음대로 사용했던 적도 없었고 앞으로도 없을 것이라고 한다.

그럼에도 불구하고 공공복지 단체가 1998년 조사한 바에 따르면, 직장인의 50퍼센트 이상이 조용하게 쉴 수 있는 시간이 부족하다는 불평을 한다는 것이다. 이는 노동의 가치가 떨어졌기 때문이 아니다. 아직도 직장인의 3분의 2 이상은 과거와 마찬가지로 직업적인 성과가 휴가나 주말, 그리고 퇴근한 후에 갖는 저녁 시간처럼 중요하다고 생각하고 있다. 최소한 일이 흥미롭다면 말이다. 물론 여가 시간은 우리의 삶에서 점점 노동만큼이나 중요한 삶의 영역으로 자리 잡아가고 있다. 이런 현상에 발 빠르게 대응하고 있는 여가 산업은 이미 규모가 많이 커졌고 인기도 많다. 그래서 우리의 스케줄을 들여다보면 여행, 친구들, 영화, 지인들, 레스토랑, 일광욕, 친척들, 가족 행사, 텔레비전 드라마, 요가, 축제, 공연 등이 한 자리라도 차지하기 위해 서로 각축전을 벌이고 있는 것 같다.

우리에게는 여가 시간이 많다. 하지만 50년 전 사람들이 퇴근 후나 주말이면 창가에 서서 밖을 내다보며 시간을 보낸 반면에, 오늘날의 사람들은 단순히 일을 하지 않는 것에 만족하지 않고 더 많은 것을 기대하고 있다. 즉, 여가 시간을 통해 삶의 의미와 재미, 사회적 지위, 자기계발, 스트레스 해소 등을 얻으려고 하는 것이다. 그러므로 많은 사람들이 여가 시간에도 약속 시간을 지키느라 정신없이 바쁘게 지낸다. 이 장에서는 여가 시간에 스트레스를 적게 받고 여유를 즐길 수 있는 방법을 알아보기로 하자.

여가 시간 포트폴리오 작성하기

당신은 여가 시간을 어떻게 보내는가? 여가 시간에 어떤 것을 얻고자 하는가? 스릴 넘치는 일인가, 긴장을 해소하는 일인가? 아니면 재미있거나 마음의 평안을 얻을 수 있는 일인가? 혼자 있는 것 또는 다른 사람들과 함께 있는 것 중 어떤 게 좋은가? 자녀 문제, 집안일, 직장생활과는 분리해서 누릴 수 있는 당신만의 자유를 어떻게 만들어낼 것인가? 여가 시간에 하는 활동 중 어떤 것이 당신에게 중요한지 생각해보고 포트폴리오를 작성해보자.

• 창의적 활동
  (그림 그리기, 악기 연주, 사진 촬영)
	• 문화생활
	  (연극 감상, 박물관 관람, 독서)

• 기분 전환	• 모험
• 새로운 자극	• 명상
• 명예	• 자연
• 자의식	• 새로운 경험
• 무보수 명예직	• 여행
• 외식	• 휴식
• 긴장 해소	• 자아실현
• 게으름 피우기, 낮잠, 멍하니 있기	• 사회봉사 활동
• 텔레비전, SNS, OTT 서비스	• 재미
• 축제, 파티, 모임	• 운동, 스포츠
• 취미	• 대학원 진학, 어학 공부
• 소비	• 교제, 만남

당신의 포트폴리오에 어느 정도 만족하는가? 너무 많은 활동을 한다고 생각하는가, 아니면 여가 활동 시간의 분배를 잘 하지 못했다고 생각하는가? 자극적인 활동과 조용한 활동이 서로 균형을 이루고 있는가? 바꾸고 싶은 것이 있다면 무엇인가? 포트폴리오에 당신의 목표를 그려보자.

여가 시간을 일로 채우지 마라

42세인 마르쿠스는 잘나가는 세무사다. 라이온스클럽의 회원이자 젊은 경영인 모임의 회장이며 정치 활동까지 적극적으로 펼치고 있는 그는 저녁이면 거의 매일 약속이 있다. 모임의 친구들은 그를 매우 높이 평가하며 그의 고객이기도 하다. 주말이면 마르쿠스는 아내와 함께 골프장이나 테니스장에 나타날 때가 많다. 그는 스포츠가 일로 지친 몸을 풀어주고 부담 없이 사람들과 접촉할 수 있는 기회를 준다며 좋아한다. 그리곤 "나 같은 프리랜서는 말이야, 클럽에 내는 회비도 세금에서 제외해 줘야 해"라고 말하고는 한다.

28세인 수잔네는 멀티미디어 디자이너다. 그녀는 여가 시간을 직장 동료들과 보내는 것을 좋아한다. 스케이트를 타러 가거나 영화를 보러 가거나 술집에 가서 레드 와인과 스파게티를 먹는 것이다. "우리 팀과 같이 놀면 정말 재미있어요. 그렇게 저녁 시간을 보내고 난 뒤 새로운 스크린 디자인에 대해서 얘기하죠"라고 그녀는 말한다.

33세인 벤은 규모가 큰 컴퓨터 생산 공장의 전기기사로 일한다. 두 살배기 쌍둥이가 방해하지 않는다면 그는 여가 시간에도 컴퓨터 앞에 있는 것을 좋아한다. "지금 오픈 소스 프로젝트를 담당하고 있는데 엄청 흥미롭습니다"라고 그는 설명한다.

마르쿠스와 수잔네, 벤 세 사람은 언뜻 보면 공통점이 별로 없어 보이지만 사실 매우 비슷한 사람들이다. 그들은 자기 일에서 거의 벗어나지 못하고 있다. 여가 시간과 일이 서로 겹쳐 있는 것이다. 직장에서든 집에서든 같은 관심사와 같은 얼굴들, 같은 내용들이 지배하고 있다. 여가 시간에 일을 연장함으로써 자신의 개성이 발전하지 못하게 제한하고 있다. 퇴근해서 집으로 돌아온 뒤에는 일 외의 다른 경험을 의식적으로 찾는다면 심리적으로 더욱 성장할 것이다.

여가 시간은 일과 정반대의 활동으로 채운다

주말에 일 때문에 사람을 만나는 회사 대표, 그리고 평일 오후에는 바이올린 수업을 하고 저녁에는 현악사중주로 활동하고 주말에는 교회 합창단에서 노래를 부르는 음악 선생님은 자신들이 가진 다양한 개성을 발전시키지 않고 있다. 여가 시간에는 직업과는 무관한 다른 활동을 하는 것이 좋다. 다양한 재능, 관심, 역할을 살리며 살아갈수록 더 건강하고 더욱 성공하며 훨씬 행복하게 살아간다. 그리고 실패나 위기가 당신을 완전히 굴복시키는 경우가 줄어들 것이다.

섞고 혼합하는 게 중요하다

어떤 취미를 가질지 고민될 때는, 집중해야 하는 것과 느긋해도 되는 것 사이를 번갈아 가며 선택한다. 또한 여러 사람과 함께하는 활동과 혼자서 하는 활동, 수준 높은 활동과 대중적인 활동, 적극적인 것과 수동적인 것을 번갈아 가며 고른다. 그림, 악기 연주, 글쓰기, 꽃 장식하기, 요리 등 가능하면 창의적인 취미 하나와, 운동을 할 수 있는 취미 하나, 그리고 독서, 영화 감상, 뉴스 보기, 음악 감상, 연극 감상 등 수동적이거나 예술적인 취미 중 하나를 선택해서 이를 잘 살려 나가도록 한다. 당신이 가장 좋아하는 활동 가운데 최소한 한 가지는 자연과 만날 수 있는 것이어야 한다.

아마추어 연극단에서 극단 활동을 하고, 휴가 때는 등산을 하며, 클래식 음악을 들으면서 긴장을 푸는 논리적인 경영인은 다양한 개성을 개발하는 사람이다. 그와는 반대로 시간만 나면 스키를 타거나 산에 올라가거나 행글라이더를 타는 치과 의사는 오로지 극단적인 스포츠 활동 하나만을 찾아다니는 셈이다.

가짜 경험으로는 행복해질 수 없다

우리는 교육도 많이 받았고 정보도 넘쳐나고 이제 웬만큼 자리도 잡았다. 돈도 잘 벌고 적지 않게 투자도 한다. 기본적인 욕구 외의 몇 가지 욕구들도 모두 해결되었다. 우리는 이제 아무것도 필요하지 않다. 사실상 모든 것을 가지고 있다. 그럼에도 불구하고 자신이 행복하다고 생각하는 사람은 50년 전에 비해서 그리 많지 않다. 이는 구체적인 목표가 없기 때문이라고 사회학자들은 주장한다. 결혼을 하고 집도 장만하고 회사에서 어느 정도 승진도 하면, 우리는 아름답고 멋진 삶을 살기 위해 신경을 쓴다. 삶을 즐기고 특별한 경험을 하길 원한다. 하지만 가능하면 안전하고 편안한 것이면 더 좋겠다. 험준한 곳에서 하는 자전거 하이킹보다는 가까운 놀이공원에 가는 것, 낯설고 먼 곳으로 떠나는 무계획 기차 여행보다는 스케줄이 짜여진 패키지 휴가 여행을 선호한다. 함부르크 출신으로 여가를 연구하는 호르스트 오파쇼브슈키Horst Opaschowski는 다음과 같이 지적하고 있다.

"오늘날 특별한 체험을 경험하는 사람들은 환상을 원한다. 이들은 환상이 현실보다 탁월하다면 실제 세계가 아닌 환상의 세계로 만족한다."

여가나 오락, 미디어 산업은 이미 오래전부터 자극적이고 극단적인 것을 더욱 손쉽게 소비하고자 하는 소비자들의 욕구에 반응하고 있다. 예를 들어 방송은 재미와 볼거리와 로맨스를 집까지 배달해준다.

우리는 아무리 이런 것을 체험해도 만족하지 않지만 그렇다고 직접 체험을 찾아 나서기에는 에너지가 부족하고 환상도 결핍되어 있다. 그래서 직접 체스를 두는 대신 세계 챔피언급들이 벌이는 경기를 보는 것이다.

우리는 특정 정보만을 받아들인 후 그것을 고집하고,
머리는 그저 공회전을 할 뿐이다.

우리는 건성으로 체험을 구매해서 스스로에게 자극을 준다. 그리고 또 이런 자극들에 익숙해져 있다. 직접 경험하는 대신 리모컨으로 채널을 옮겨가며 화면에 등장한 인물들을 통해 대리만족을 하는 식으로 말이다.

행복을 연구하는 사람들은 이미 몇 년 전에 그런 특징을 밝혀냈다. 행복이란 수동적인 태도로는 결코 얻을 수 없는데, 그것이 진짜 경험과 비슷한 가짜 경험일지라도 예외가 아니라고 한다. 행복은 다만 우리의 잠재력을 높이고 플로, 즉 몰입을 경험하게 해주는 활동을 통해서 누릴 수 있다. 피아노 연주가 이런 예에 속한다. 요리하기, 편지 쓰기, 사진 찍기, 스키 타기, 정원 꾸미기 등 집중을 요하며 우리의 능력이 필요한 활동이 바로 그러하다. 다시 말해, 여러 운동과 창의적인 취미 활동을 통해서 행복을 경험할 수 있다는 말이다. 그런 활동은 대부분 사회적인 명성과 상관이 없고, 특별히 많은 비용이 들지도 않는다. 그리고 우리를 평생 즐겁게 해준다.

영국 출신 작가 엘리자베스 폰 아르님Elizabeth von Arnim은 그녀의 유명한 정원 일기에 이렇게 적었다.

"나는 얼마나 행복한 여자인가! 정원 딸린 넓은 집에 살고, 책과 아이들, 새와 꽃과 더불어 살며, 충분히 명상을 즐길 수 있으니, 나는 얼마나 행복한가! 사람들은 내가 갇혀 사는 것 같다고 한다. 그리고 언젠가 재난이 일어나 다른 사람들이 고통에 휩싸이더라도 나만은 안전할 것 같다고 생각한다. 나는 다른 사람들에 비해 태어날 때부터 축복을 더 많이 받은 사람이라고 자주 느낀다. 왜냐면 나는 너무 쉽게 행복해지니까!"

일과 반대되는 취미 활동을 한다

직장에서 어떤 일을 하느냐에 따라서 여가 시간에 당신이 하면 좋은 활동이 결정된다. 만일 당신의 직업이나 현재 받고 있는 직업 교육이 단조로운 일로 여겨진다면 여가 시간에는 단조로운 일상에 다채로움을 줄 수 있는 활동, 이를테면 스포츠나 창의적인 취미 활동을 하는 것이 좋다. 잠수를 배워본다거나, 집 곳곳을 수리한다거나, 색소폰을 배운다거나, 아니면 시의원이나 구의원에 출마해본다.

반대로 당신의 일이 흥미롭고 재미있기까지 하다면 여가 시간에는 좀 더 조용하고 수동적인 활동을 하는 것이 좋다. 예를 들어, 텔레비전을 보거나 아이들과 함께 놀거나 해피엔딩으로 끝나는 소설을 읽거나 마사지를 받으러 가거나 커피숍에 앉아서 지나가는 행인들을 구경하거나 정원일을 하는 것이 좋다.

몰입을 느낄 수 있는 기회를 만든다

고도의 성취감과 행복감을 주는 상태인 '몰입'은 강제로 생겨나게 할 수 없다. 하지만 적합한 활동을 함으로써 몰입하도록 노력할 수는 있다. 몰입을 촉진하는 활동으로는, 당신의 능력을 요구하고 주의력을 집중시키며 분명한 목표가 있다면 어떤 여가 활동이든 상관이 없다. 가령 6인분짜리 코스 요리를 직접 준비한다든가, 자전거 수리, 악기 연주, 마라톤대회에서 완주하기 등이 있다.

스스로에게 요구하는 수준을 높인다

도전해야 할 목표와 자신의 능력이 서로 비슷하면 몰입은 생겨나지 않는다. 자신의 능력에 비해서 너무 쉬운 과제를 담당하면 지루해지고 반대로 너무 어려운 과제를 요구받으면 공포와 좌절감에 빠질 수 있다. 따라서 즐겁게 취미 생활을 하려면 계속 새롭고 좀 더 복잡한 목표를 세워야 하며, 또 이런 목표를 달성하기 위해 당신의 능력을 지속적으로 조금씩 많이 투입해야 한다.

행복해지는 연습을 한다

직장에서 하루 종일 시간을 보내고 난 뒤 집에 돌아와서 와이셔츠를 다리고 아이들을 재우고 나면 아무것에도 흥미를 느끼지 못할 정도로 피곤해진다. 그러므로 이때는 피아노를 치거나 책을 읽는 것보다 텔레비전을 보거나 인터넷을 하는 게 더 쉽다. 물론 스스로 하는 능동적인 활동이 수동적인 소비 활동보다 훨씬 많은 기쁨을 준다. 하지만 늘 그렇게 할 수는 없고 그렇게 되지도 않는다. "피아노를 칠 때마다 재미가 있으려면 그 전에 최소한 30분가량 지루한 연습을 해야 가능하다"라고 칙센트미하이는 말한다. 몰입이란 행복을 연습한 다음 그 대가로 얻는 것이다.

지나친 취미 생활은 스트레스가 된다

여가 산업은 우리를 배고프게 한다. 파프리카 칩스(파프리카

가루를 첨가해 만든 감자 칩 - 옮긴이 주)를 아무리 먹어도 배가 부르지 않는 것처럼, 포뮬러 원 자동차 경기를 보거나 연말에 파티를 여는 등 아무리 경험을 해도 충분하다는 생각이 들지 않는다. 하지만 좋은 시절이 있으면 힘든 시절도 있는 법이다. 경험할 것이 많을수록 우리는 더 빨리 무디어지고 그만큼 더 많은 것을 경험하고자 원하게 된다.

유감스럽게도 하루는 24시간이다.

그러므로 경험 거리를 마음대로 늘릴 수는 없다.

따라서 행복해지는 또 한 가지 비결은 시간당 경험의 밀도와 횟수를 늘리는 것이다. 그리하여 우리는 넘쳐나는 경험의 홍수 속에서 허우적거리며 살아간다. 시장에서 구두 가게로, 연극을 보고 난 뒤에는 술집으로, 카니발을 구경하기 위해 베네치아로, 주말이면 가까운 곳으로 여행을 간다. 하나의 경험이 끝나면 다른 것으로 넘어가는 것이다. 멈추고 나아가기를 끊임없이 계속하며 여기 갔다가 저기 갔다가를 반복하고 이런저런 인상적인 것들을 경험하고 또 지겨운 것은 지워버린다. 마치 자욱하게 떠다니는 안개와 같이 그렇게 우리의 인생이 지나가 버린다.

시간을 연구하는 사람들에 따르면 이미 몇 년 전부터 2시간 이상 걸리는 여가 활동은 거의 모두 뒷전으로 밀려나고 있다고 한다.

"안녕히 계세요, 여러분. 전 또 다른 일이 있어서 이만!"

이 말은 저녁을 먹자마자 동네 몇 바퀴를 돌며 조깅하는 사람들이 상투적으로 내뱉는 말이다. 이런 사람들은 여가 활동으로 스트레스를 받고 있으며 지인들과 식사를 한 뒤에도 반드시 또 다른 것들을 경험해야 한다고 자신을 부추기는 사람이다. 이들은 다음번 약속이 있는 탓에 상대방의 말을 주의 깊게 듣거나 질문을 하지도 않고 심오한 대화를 나눌 시간도 없다. 자녀들에게 관심을 가질 시간도 부족해지고, 그래서 자녀들도 힘들어한다. 하지만 자녀들만 고통을 받는 것이 아니다. 이들은 온 사방으로 뻗친 자신의 인생을 낭비하고 있으니 말이다.

스포츠의 짜릿함이 독이 될 수 있다

재미를 추구하는 문화가 떠오르면서 우리의 몸은 우상으로 자리 잡게 되었다. 노화를 부끄러워하지 않고 자신을 더욱 아름답게 가꾸거나 최소한 더 이상 늙지 않으려고 최선을 다한다.

일요일 오전의 헬스클럽은 과거의 교회처럼 사람들로 문전성시를 이룬다. 정신에 영양분을 공급하는 대신 배와 다리 그리고 엉덩이를 단련한다. 동시에 행글라이딩이나 래프팅과 같은 익스트림 스포츠도 붐을 일으키고 있다. 재미를 추구하는 오늘날 사회에서 스포츠는 이제 건강한 몸을 유지하기 위한 수단을 넘어 몸을 만드는 일이자 삶에 자극을 더하는 행위가 되었다.

스포츠는 건강에 좋다. 또 삶에 기쁨을 준다. 만일 스포츠의 난이도가 우리의 모든 에너지와 숙련된 기술을 바쳐야 할 정도로 높은 일이라면 몰입이 그만큼 더 쉽게 생겨난다. 예를 들면 가파르고 높은 산을 등반한다거나 마라톤을 한다거나 정신을 집중해서 활을 쏠 때 우리는 시간과 공간조차 까마득하게 잊어버린다. 이런 순간에 스스로에게 과도한 요구를 하지 않고 우리가 가진 잠재력을 모두 쏟아부을 수 있다면 더 이상 바랄 게 없을 것이다. 바로 이런 순간에 긴장과 긴장의 해소 사이를 아슬아슬하게 넘나들게 되고, 세상과 그리고 자기 자신과 하나가 된다. 그야말로 자신의 행동에 완전히 '몰입'하게 된다.

하지만 스포츠가 주로 재미와 모험, 사회적인 지위 등과 관련된 것이라면 그와 같이 행복한 순간을 조금밖에 누리지 못할 것이다. 몰입이라는 기분 좋은 상태는 다른 목적으로가 아니라 그 자체로서 스포츠나 활동을 할 때 주로 생겨나는 탓인데, 현재 유행하는 스포츠들은 지나치게 재미를 추구하려는 탐욕으로 가득 차 있다. 심지어 이 재미를 추구하는 탐욕은 행복에도 영향을 미친다. 그리하여 건강을 위해 휴가를 떠나는 사람들은 너무 짧은 순간에 너무 많은 것을 원하기 때문에 정작 마음껏 풀고 싶었던 긴장조차 제대로 풀지 못한다. 독일 건강협회 회장인 루츠 헤르텔Lutz Hertel은 "하루 종일 환성을 지르고 나면 사람들은 피곤해서 거의 시체처럼 되고는 합니다"라며 이들을 비판한다.

갖가지 재미있는 일들을 누빈 후 찾아오는 것은 보통 공허감이다. 재미있게 놀기는 했지만 즐거움과 긴장 해소, 몰입과 명상은 찾지 못한 것이다. 그런 것을 얻으려면 우선 지루하고 힘든 순간을 참아낼 수 있는 능력을 갖춰야 한다. 30여 분, 아니 어쩌면 오후 내내 견뎌내야 할지도 모른다. 그러나 많은 사람들은 여가 시간을 그렇게 보내는 것을 싫어한다.

사람들은 익스트림 스포츠나 체험 위주로 휴가를 보내는 일을 사랑한다. 별로 걱정할 것 없는 일상을 보내고 있다면 얼마든지 짜릿함을 즐길 수 있다. "뭐니 뭐니 해도 스포츠엔 위험한 요소가 있어야 매력 있죠"라고 베를린의 〈모르겐포스트Berliner

Morgenpost〉지는 한 젊은 스포츠맨의 말을 인용한다.

사실 스포츠는 쉴 새 없이 경험과 자극을 추구하고자 하는 사람들에게 상당히 이상적이다. 또 자극이 부족한 사람들에게 이를 보완해줄 수 있는 가장 간단한 수단이기도 하다. 하지만 만일 위험에 대한 감각이 부족해지면 자극을 찾는 행위가 심각한 문제로 발전할 수 있다. 아드레날린에 중독된 자들이 무경험과 연습 부족으로 스스로 위험에 빠지거나 다른 사람을 위험에 빠뜨릴 경우, 자극만을 쫓는 행동이 얼마나 큰 문제인지 드러나게 된다.

"네가 가진 것이 바로 너다"라는 말은 이미 지나간 얘기다. 오늘날에는 "네가 하는 것이 바로 너다"라는 말이 통용되고 있다. 어떤 사람이 수영을 하느냐 스케이트를 타느냐 요트를 타느냐 승마를 하느냐에 따라 의미가 전혀 달라진다. 사회에서 소수의 사람들이 특정 스포츠를 독점하고 그 덕분에 명예까지 누리더라도 이를 막는 것은 아무것도 없다. 그리고 누구도 유행하는 스포츠를 막지 못한다. 하지만 스포츠를 통해서 승리, 칭찬, 인정만을 욕심내는 사람은 행복이라는 감정을 좀처럼 느끼기 어려울 것이다. 오로지 다른 사람들에게 특별한 인상을 주기 위해 스포츠를 이용한다면 몰입을 경험할 기회는 드물게 된다.

우선순위를 정한다

여가 시간도 다른 모든 삶의 영역과 같다. 즉, 여가 시간은 우리가 이용할 수 있는 것보다 더 많은 가능성을 우리에게 제공한다. 스위스의 한 가족연구소가 실시한 연구에 따르면, 직장이나 가족 문제로 인한 스트레스보다 여가 시간에 받는 스트레스 때문에 이혼하는 확률이 더 높다고 한다. 만일 앞으로 3개월 동안 여가 시간에 스포츠, 창의적인 활동, 수동적이고 예술적인 취미 활동 등 세 가지 중 한 가지만 할 수 있다면 어떤 것을 택하겠는가?

모든 것을 한꺼번에 하지 않는다

시간을 갖게 된다는 말은 갖가지 오락과 체험을 할 수 있는 기회를 의식적으로 포기한다는 것을 의미한다. 일주일에 세 번 조깅하고, 운동 모임에서 배구를 연습하고, 장미를 가꾸고, 매일 두 번씩 명상에 잠기고, 월요일에 사우나에 가고, 화요일에 미식가를 위한 요리 클래스에 나가고, 또 그런 다음에도 여유 있고 조용한 시간을 즐길 수 있는 사람은 세상에 아무도 없다. 만일 좀 더 많은 시간을 갖고 싶다면 취미 생활과 오락을 현실적인 수준으로 줄이는 수밖에 다른 방법이 없다.

우선 아주 사소한 것부터 시작하라. 예를 들어 친구들을 초대하더라도 직접 음식을 장만하지 말고 시켜서 대접한다. 또는 주말에 산행하려던 계획을 취소하고 미뤄둔 일들을 여유 있게 처리하거나 이웃 사람과 술을 한 잔 해도 좋다. 이렇게 하면 더욱 많은 시간을 갖게 될 것이다.

많은 것을 피상적으로 경험하기보다 적은 것을 깊이 있게 경험한다

정신없이 이것저것 즐기다 보면 어떤 것을 기대하며 기뻐하거나, 과거의 일을 기억하는 시간이 별로 없다. 너무나 많은 일들이 우리 삶을 지나가므로 특별한 일을 기대하거나 한동안 특정한 일을 기억하며 살아가는 경우도 매우 드물다.

이제부터 당신의 삶에서 가장 멋진 순간에 다시 자리를 내주자. 한 주에 공연도 보고 유명 화가의 전시회도 가고 시 낭독에도 참석하는 대신 한 가지, 예를 들면 전시회 관람만 하도록 한다. 전시회에 가기 전에 화가의 작품에 대해서 정보를 수집하고 전시를 본 다음에는 그에 대한 인상을 일기장에 써보는 것도 좋다. 전시회장에서 마음에 드는 카드 몇 장을 구입하면 이후에도 전시회를 방문했던 기억이 날 것이다.

'나에게 완전히 몰입하는 것'의 의미

이번 장의 내용 가운데 앞으로 어떤 것을 실천하고 싶은가? 어떤 기회에 할 수 있는가? 그 이유는 무엇인가? 여가 시간에 받는 스트레스를 줄이기 위해 무엇을 할 예정인가? 좀 더 많은 몰입을 느끼기 위해 어떤 노력을 할 생각인가? 당신의 여가 시간 포트폴리오에서 앞으로 더 주의를 기울여야 할 측면이 있다면 무엇인가? 구체적인 계획을 세우는 것은 좋으나 그렇다고 또 너무 많은 일을 계획하지는 말자.

7장

인생을 낭비하고 있지는 않는가

쓸데없는 일 줄이기

멀티옵션 사회는 우리에게 다양한 선택지와 무한한 가능성을 던져준다. 그러나 너무 많은 선택지는 오히려 혼란을 가중하고, 중요하지 않은 일에 우리의 시간과 돈과 에너지를 낭비하게 만든다. 이번 장서는 새로운 정보와 트렌드에 쫓기지 않고 쓸데없는 일은 줄이며 자신만의 방식대로 살아가는 삶의 태도에 대하여 생각해본다.

●

많은 것이 있을수록 나는 더 적게 원한다.
달로 날아가는 사람이 많을수록, 나는 나무가 더 보고 싶다.

오드리 헵번Audrey Hepburn

●

세상은 우리에게 열려있다. 우리는 유동적이고 정보도 갖고 있으며 취향도 확실하고 언제 어디에서든 연락이 된다. 우리는 승자가 되기 위한 규칙들을 알고 있으며 백만장자가 되는 법도 알고 있고 상대가 황홀해할 정도로 뛰어난 침대 기술도 알고 있다. 우리는 이마의 주름살도 운명으로 받아들일 필요가 없다. 잠시도 가만히 있지 못하는 아이를 돌보는 일이 우리의 운명이 아니듯 말이다. 주름살은 보톡스가 막아주고 산만한 아이는 리

탈린Ritalin(정신과 의사들이 주의력결핍과 과다행동장애ADHD를 가진 아이들에게 처방하는 약 – 옮긴이 주)이 막아준다. 얼마 전까지만 하더라도 대부분의 사람들에게 당연한 것으로 여겨졌던 일들은 이제 선택 사항이 되었다. 먹고살기 위해 필요한 직업이나 주당 37.5시간의 노동, 휴가, 그리고 사랑에 빠져 연애를 하고 결혼하는 과정 등이다. 누구든 원하면 늘 새로운 것을 개발해내고 또한 결정할 수 있는 시대가 온 것이다.

그렇다면 이런 세상은 아름다운 신세계일까? 이에 대한 대답은 우리가 어떤 상황에서 살아가고 있느냐에 달려있다. 젊고 잠재력이 많은 사람들은 자신들의 삶의 스타일을 늘 새롭게 만들어 나가려고 한다. 직업과 애인을 마치 청바지나 스니커즈를 골라 착용하듯 번갈아가며 시험해보고, 개인주의나 세계화나 기술화라는 변화의 가능성에도 겁먹지 않는다. 일단 가능성이 많다는 것을 이들은 재미있게 받아들인다.

하지만 우리가 누군가를 사랑해서 결혼을 하고 아이를 갖게 되면 삶이란 그렇듯 즐거운 퍼즐 게임이 아니라는 사실을 깨닫는다. 이쯤 되면 삶은 퍼즐이 아니라 복잡하기 짝이 없는 루빅스 큐브의 정육면체의 형태를 띠게 된다.

다음과 같은 사실들을 확인해보라.

- 겨우 30세 정도에 우리가 가지고 있는 지식은 쇠퇴하기 시작한다.
- 우리는 12가지 다양한 커피를 선택할 수 있지만(에스프레소, 카푸치노, 카페라테, 그리고 사이즈에 따라 톨, 그란데, 킹 사이즈 등) 유치원에 우리 아이를 위한 자리 하나 얻기는 힘들다.
- 우리는 늘 연락할 수 있지만 정작 생각은 다른 곳에 있다.
- 곧 40세가 되지만 생계 수단이 불안정하거나 아직 확실하지 않아서 고민이다.
- 우리는 시대의 흐름Spirit of the age에 충성하지만 시간은 우리 앞에서 멈추지 않는다.

우리는 30, 40세 혹은 50세 사이의 어느 순간에서 이와 같은 사실을 예감한다. '여러 가지 가능성이 있다는 것은 재미있어. 하지만 그게 과연 무슨 의미가 있다는 거지?'

이번 장에서는 다양한 선택을 하면서 살아갈 수 있는 이른 바 '멀티옵션 사회'에서 어떻게 하면 자유롭고 행복하게 살 수 있는지에 대한 내용을 다루고 있다. 멀티옵션 사회가 제공하는 온갖 가능성에 정신을 빼앗기지 않고 인생을 낭비하지 않으며 효율적으로 살 수 있는 방법 말이다.

나에게 중요한 것 포트폴리오 작성하기

다음에 나오는 특징 가운데 당신에게 중요한 것은 무엇인가? 사적으로 그리고 직업적으로 잘하기 위해 당신에게 무엇이 필요한가? 노동 시장과 시대의 흐름이 요구하는 젊음, 유연성, 책임감 등의 사항들을 충족시키기 위해 어느 정도의 노력을 기울이고 있는가? 그리고 성공률은 얼마나 되는가? 당신이 생각한 결과들을 포트폴리오에 기입한다.

· 심미성과 확고한 취향	· 정보력
· 책임감	· 혁신
· 활동적인 것	· 젊음, 외모, 건강
· 참여	· 창의성
· 많은 성공	· 좋은 성과
· 언제든지 연락되는 것	· 민첩성과 유동성
· 일등이 되는 것	· 위험을 감수할 각오
· 목표 성취	· 스스로 결정하기
· 개인적인 것들	· 즉흥적인 것들

당신의 포트폴리오에 어느 정도 만족하는가? 당신 스스로와 삶이 요구하는 사항들이 아무런 문제 없이 충족될 수 있는가? 아니면 당신은 많은 영역에서 겉모습만 그럴듯하게 보이고 있는가? 어떤 요구 사항과 기대 사항을 지우고 싶은가?

우리가 선택을 후회하는 이유

우리는 선택할 수 있다. 영국에 가서 세미나를 듣느냐 롤란드 베르거 컨설팅 회사에서 실습을 하느냐, 파워포인트로 발표하느냐 그냥 손으로 작성해서 발표하느냐. 가능성이 다양할수록 결정은 그만큼 더 어려운 법이다. 어떤 것을 선택하든 궁극적으로 우리는 좀 더 훌륭하고 창의적인 것을 원한다는 점을 경험상 알고 있기 때문이다.

고민1. 외국에서 실습을 할까, 말까? 크리스토프는 이미 명성이 자자한 어느 회사에서 실습을 하기로 결정했다. 외국에까지 가서 또 공부를 할 수는 없다고 생각하면서 그는 자신이 세상에서 가장 잘난 사람이라도 된 것처럼 우쭐해졌다. 하지만 같은 과 여학생이 반 년 간 일본에 있는 코카콜라 회사에서 실습을 할 계획이라는 말을 듣자 그는 의기소침해졌다.

고민2. 마루를 단풍나무로 깔까, 테라코타 타일로 깔까? 울리히와 파울라는 5년 전에 집을 지었는데 이런저런 고민 끝에 밝은색 단풍나무로 마루를 깔기로 결정했다. 그런데 5년이 지난 지금 그들은 채색한 마호가니를 깔았더라면 더 멋졌을 거라는 생각을 한다.

고민3. 파워포인트로 발표할까, 직접 작성해서 발표할까? 아샤는 파워포인트를 사용해서 깔끔하게 정리한 내용을 발표했다. 그런데 옆에 앉아 있는 남학생의 발표 내용을 보자 자신이 창의적이지 못한 것처럼 여겨졌다. 그는 삐뚤거리기는 했지만 직접 손으로 발표할 내용을 쓴 것이다. 그녀가 남학생에게 축하를 해주자 남학생은 이렇게 대답했다. "예술학과에 다니는 여자 친구가 도와줬거든."

우리는 무한한 가능성의 시대에 살기 때문에 우리가 적절한 선택을 했는지 최선을 다했는지 가장 좋은 것을 얻었는지를 결코 알 수 없다. 대안이 다양할수록 제안이 매혹적일수록 기대감이 높을수록 우리가 이룩한 것들은 그만큼 우리의 욕구를 채워주지 못한다.

선택지의 덫

갈수록 매력 있는 제안이나 제품들이 늘어나는 것을 보고도 불편하게 느끼는 이유는 우리가 까다롭기 때문만은 아니다. 우리가 누리는 선택의 자유가 너무나 방대해서 느끼는 권태감의 이면에는 기본적으로 심리적인 원칙이 숨어있다.

너무 많은 선택의 자유는 불안을 낳는다.

미국의 심리학자 쉬나 아이엔가Sheena S. Iyengar와 마크 레퍼Mark R. Lepper가 한 실험에서 이를 증명한 바 있다. 실험 대상자들은 서로 다른 초콜릿 30가지 가운데 하나를 선택해야만 했다. 만일 선택한 초콜릿이 맛있으면 집에 가져갈 수 있도록 선물로 한 상자를 주기로 했다. 테스트가 끝난 다음 참석자들 가운데 12퍼센트만이 초콜릿을 한 상자 더 선물 받았다. 그 이유는, 선택하는 행위는 재미있었지만 선택한 초콜릿의 맛을 보자 어쩐지 잘못 선택했다는 느낌이 들었다고 한다. 실험을 위해 조건을 달리했던 대조 그룹은 다르게 반응했다. 두 번째 그룹은 6가지 초콜릿 중 하나만 선택하면 되었다. 이 그룹에서는 참석자들 가운데

48퍼센트가 자신의 선택이 올바르다고 느끼고 선물을 받았다.

여기에서 심리학자들이 내린 결론은, 무한한 가능성은 언뜻 매력적으로 보이지만 결국 우리를 궁지로 몰고 간다는 것이다. 많은 가능성 가운데 무엇을 선택하든 더 나은 선택, 더 완벽한 해결책을 놓친 것은 아닐까 하고 의심하게 된다.

초콜릿을 선택하는 경우에 불안은 그리 심각하지 않다. 하지만 다음의 경우에는 어떨까. 제품을 그대로 생산할 것인지, 아니면 한 번 더 테스트해볼 것인지를 선택해야 한다면? 현금을 주고 새 차를 구입하는 것이 더 유리할까, 렌터카를 이용하는 것이 더 유리할까? 페터와 결혼하는 것이 좋을까, 파울과 결혼하는 것이 좋을까, 아니면 아예 결혼을 하지 않는 편이 나을까? 누워서 애를 낳아야 할까, 똑바로 앉아서 낳아야 할까? 통원 치료를 받을까, 병원에 입원할까?

이렇듯 있긴 하지만 선택하지는 않은 옵션이 있다는 것을 아는 한, 이런 사실이 우리에게 고통이 될 수도 있다. 우리는 계속 생각하고 다른 사람에게 조언을 듣고 생길 수 있는 모든 경우를 예측해본다. 하지만 결국 그렇게 하더라도 모든 가능성을 다 따져보지 않았다는 것을 알게 된다. 바로 이와 같은 불확실한 상태를 다루기란 그리 간단하지 않다.

실천하기 1

일의 목표를 생각한다

당신에게 정말로 중요한 것이 무엇인지 곰곰이 생각해본다. 발표할 때 객관적으로 말하려고 하는가? 주제를 간략하고 이해하기 쉽게 설명하는 것이 중요한가? 그렇다면 당신의 옆 사람이 어떻게 하든지 간에 분명하고 간략하게 파워포인트로 작성한 내용을 발표하라. 만약 청중들의 감정적인 영역을 건드리고 싶다면 시각적으로 눈에 띄는 작업을 고려해볼 수 있다.

처음부터 선택지를 제한한다

프로젝트라면 언제까지 끝낸다는 기한을 정하고, 스마트폰을 구입한다면 가격대를 제한해서 고른다. 가능하면 갖가지 종류의 스마트폰을 진열해놓은 큰 점포에서 구입하지 말고 선택할 제품이 조금 밖에 없는 자그마한 점포에서 구입한다. 주말에는 서류 같은 것을 집에 가져가지 않는다. 일을 집으로 가져가면 일요일 아침 가족들과 함께 나들이를 갈 것인지, 일을 할 것인지 결정하기 힘들어서 몸부림칠 수 있다.

결정의 원인에 대해서 스스로 질문한다

온갖 가능성을 앞두고 무엇을 선택해야 할지 모를 경우, 객관적인 기준이 부족하기 때문은 아니다. 삼성 스마트폰을 선택하든 애플의 아이폰을 선택하든 이런 결정은 세상을 뒤흔들 정도로 중요하지는 않다는 사실을 우리도 잘 알고 있다. 하지만 우리는 동료나 지인과 이야기를 나누면서 우리의 선택에 전문가적인 이유를 댈 수 있기를 원한다.

사실 우리의 에고ego는 쓸데없이 삶을 복잡하게 만드는 행동을 하라며 우리를 부추길 때가 많다. 따라서 그런 노력을 하는 것이 과연 합당한지 깊이 생각해보는 것이 좋다.

정보를 쫓기 바쁜 사회

잠에서 깨어나면 우리는 텔레비전에서 흘러나오는 뉴스와 날씨에 관한 보도를 듣고 아침을 먹으면서도 스마트폰으로 검색을 한다. 텔레비전에서 기술 관련 주가가 떨어졌다는 주식시장 소식을 전해주지만 이 뉴스는 이미 어제저녁에 들은 것이다. "미키야! 제발 텔레비전 좀 꺼줄래? 학교 가기 전에는 텔레비전을 안 보기로 약속하지 않았니?"라고 아이들에게 이야기하기도 한다. 출근길 앱으로 비즈니스 영어를 듣고 있는데 스마트폰 진동이 울린다. 어느 고객에게 문제가 생겼다는 내용이다. 사무실에 도착하자마자 컴퓨터를 켜고 외투도 벗지 않은 채 이메일을 확인한다. 전화가 울리고 팩스도 들어오고 우편함에는 주간 경제 잡지가 꽂혀있다.

대중매체는 우리의 관심을 끌기 위해 난리법석을 떤다. 텔레비전, 라디오, 스마트폰, 책, 신문, 잡지, 인터넷, 영화관 등 말이다. 독일 국영방송인 ARD와 ZDF가 실시한 조사에 따르면 1980년부터 미디어 소비가 45퍼센트 증가했다고 한다. 통계상으로 하루 평균 8시간이 넘는데, 배경 매체라 할 수 있는 라디오 청취도 포함한 것이다.

우리는 대중매체에 너무 많은 돈과 시간을 갖다 바치고 있다.

그러나 대중매체가 제공하는 정보들 중에서 우리가 실제로 이용하는 것은 약간뿐이다. 매일 제공되는 정보의 95~99퍼센트는 사용하지 않는다는 말이다. 그런데도 우리는 새로운 정보를 얻는 것에서 뒤지지 않기 위해 그 어떤 수고도 마다하지 않는다. 다음의 세 가지는 새로운 정보가 쏟아지는 우리 사회의 특징을 나타내는 단어들이다.

시간 우리가 대중매체에 바치는 시간만큼 다른 활동에 바치는 경우는 거의 없다. 심지어 밤잠을 설치면서까지 말이다.

많은 사람들은 현재 자신들이 대중매체에 할 수 있는 최대한의 시간을 바치고 있다.

가속화 한정된 데이터만 전송하는 우리의 감각기관과, 전송된 데이터 중에서 제한된 양만 수용하는 우리의 뇌로 인해 우리는 폭발적으로 늘어나는 정보와 대중매체를 도저히 감당할 수 없다. 책을 많이 읽는 사람들조차도 하루에 기껏해야 100쪽 정도만 받아들이고 이해할 수 있다. 우리가 가진 강점은 새로운 정보를 저장하는 데 있는 것이 아니라 그것을 평가하고 이를 서로 연결하는 데 있다.

멀티태스킹 우리는 책을 읽는 동안 텔레비전을 켜놓고, 식사를 하면서 판매처를 알아보고, 동시에 세 명에게서 걸려온 전화를 처리하기도 한다. 이렇듯 두 가지 이상의 일을 동시에 해결하는 멀티태스킹의 성공 여부는 어떨까? 글쎄, 의심스럽다. 심리학에서는 두 가지 일을 똑같은 집중력으로 동시에 하는 것이 불가능하다고 본다.

뇌 전문가인 에른스트 푀펠Ernst Pöppel에 따르면, 우리의 뇌는 보통 한 가지 일에 집중할 수 있고 그 밖의 다른 모든 일은 단지 눈으로 보기만 한다. 만일 뇌에 두 가지 또는 세 가지 힘든 일을 동시에 시키면, 이를테면 시간당 160킬로미터를 운전하면서 전화 통화를 하면 뇌는 임시로 서로 다른 환경 사이를 왔다 갔다 해야만 한다. 다시 말해 3초간 전화 통화에 집중하고, 또 3초간은 운전에 신경을 쓰고, 그런 다음 또 대화를 하는 식이다. 그리고 이 환경에서 저 환경으로 바뀔 때마다 0.1초 이상의 시간이 걸린다.

멀티태스킹 능력은 물론 향상될 수 있다. 실제로 컴퓨터 세대인 아이들은 어른들에 비해서 훨씬 빨리 변화하는 자극에 적응한다. 하지만 그들 역시 멀티태스킹을 하는 경우 실수를 많이 하고 생산성도 낮아진다. 운전을 하며 끊임없이 이것저것에 주의를 기울이면 사고가 나서 목숨을 잃을 수도 있고, 직장에서도 일의 효율성이 20~40퍼센트까지 떨어진다.

우리가 무슨 일을 하든 '알고 이해하는 것'과 '알고 이해해야 한다고 믿는 것' 사이의 차이는 사라지지 않는다. 우리는 거의 매일 반드시 알아야 할 개념 또는 맥락을 미처 알지도 못하고 있는 상황에 맞닥뜨린다. 자신이 몸담고 있는 전문 분야에서 일어나는 모든 혁신적인 일에 대해서조차도 잘 알지 못하는 형편이다. 다섯 살 된 아이가 이런 질문을 하면 우리는 금세 땀을 뻘뻘 흘린다. "엄마, 팩스에서 어떻게 그림이 나와요?" 똑똑한 사람이라면 한 가지는 확실하게 알 것이다. 나는 거의 아무것도 모른다는 사실 말이다. 이를 인식하고 있는 사람이라면 어렵지 않게 문제를 해결할 것이다.

정보를 얻는 것에 집착하지 않는다

우리는 충분한 양 이상의 정보를 얻고 있으며 이렇게 얻은 정보는 우리의 이해력을 과도하게 요구한다. 전문 잡지를 많이 구독할수록 인터넷에서 가져온 정보가 많을수록 신문 기사를 많이 스크랩해놓을수록 정보에 뒤처지지 않아야 한다는 느낌은 더 많이 든다. 다음의 세 가지 단계가 당신을 도와줄 것이다.

> **1단계.** 인간의 뇌는 메모 쪽지가 아니라는 사실을 받아들인다.
>
> **2단계.** 당신에게 필요한 정보를 확실하게 정하고 그에 따라 필요한 정보만 적극적으로 모은다.
>
> **3단계.** 우연히 얻을 수 있는 정보들과는 거리를 둔다. 인터넷을 하며 보내는 시간을 줄이고, 웹사이트에 들어가지 않고, 날짜가 지난 신문은 가차 없이 쓰레기통에 넣는다. 경제면과 여행면을 읽지 못했다 하더라도 말이다.

정한만큼만 대중매체를 소비한다

예전의 텔레비전은 15분 만에 세계 곳곳에서 일어난 사건을 다 내보내고, 자정이 지나면 화면을 테스트하는 불빛만 깜빡거릴 뿐 방송은 하지 않았다. 하지만 이제는 매일 저녁 뉴스만 보도하는 방송도 있다. 대중매체는 우리에게 어느 정도의 정보 소비가 적당한지 그 한계를 정해주지 않는다. 따라서 우리 스스로 기준을 정할 수밖에 없다.

- 뉴스를 다 본 다음 다른 채널로 마구 돌리지 말고, 텔레비전에서 보고 싶은 것과 그렇지 않은 것을 미리 정해둔다.
- 일주일에 최대 드라마 세 편까지만 볼 수 있도록 허용한다.
- 텔레비전을 켜놓고 다른 일을 하지 않도록 한다.
- 인터넷을 하며 보내는 시간을 제한한다.
- 당신이 좋아하는 잡지나 홈쇼핑에 나오는 물건을 매번 구입하지 말고 한 번 건너뛴 다음 구입한다.

정보 리스트를 작성해본다

대중매체가 제공하는 정보를 쇼핑센터로 보면 된다. 그러니까 마트에 가서 물건을 사는 만큼 정보를 가지는 것이다. 무슨 정보가 필요하고, 무슨 정보를 얻고 싶으며, 어떤 정보는 허용한다는 식으로 구분한다. 또한 분명하게 알아야 할 것은, 지나치게 많은 정보는 오히려 당신의 창의력을 방해한다는 점이다. 대중매체를 잘 소비하는 사람은 자신이 알 필요가 없는 정보가 무엇인지를 안다.

자신의 직관을 믿는다

지식사회에서 성공은 과거 어느 때보다 정보에 달려있으며, 특히 소수의 전문가들만의 예측에 의해 좌우된다. 그런데 성공이란 올바른 정보뿐 아니라 직관에 근거를 두고 있다는 점을 쉽게 망각한다. 직관이란 새로운 사실을 이미 존재하는 지식과 탁월하게 혼합하는 능력이라 할 수 있다. 이와 같이 창의적인 예측 능력은 의식과 무의식의 경계 사이에 있는데, 우리가 시간도 있고 생각할 여유도 있다는 전제하에 그렇다. 이를테면 정보에 깔려 죽을 정도가 되면 직관은 생기지 않는다. 그러므로 정보를 얻어 그것을 받아들이는 시간만큼 정보를 이해하는 시간을 갖는 것이 좋다.

이를 실제 행동으로 옮기기란 간단하지 않다. 정보를 적극적으로 조사하는 과정은 우리에게 확신을 심어주지만, 단지 수동적으로 이해하고 전혀 통제할 수 없는 정보는 우리를 두렵게 만들 뿐이다. 그러면 더 이상 아무것도 할 수 없게 되고 좋은 아이디어와 흥미로운 연상이 떠오를 때까지 기다릴 수밖에 없다.

상대의 연락에 갇히지 않는 방법

헬스클럽에서는 베토벤의 교향곡 9번이 울려댄다. 함부르크에서 하노버로 가는 초고속열차에서는 요들송이 흘러나온다. 솔직히 다른 사람들의 스마트폰이 우리의 신경을 거슬리게 할 때가 많다. 그들의 통화를 엿듣다 보면 우리는 낯간지러운 애교의 목격자가 되기도 하고 사업상 계약의 목격자가 되기도 한다. 사실 우리라고 특별히 다를 것도 없다. 주머니에서 들려오는 스마트폰의 벨소리 때문에 여자 친구와 대화 도중에 "미안하지만 전화 좀 받을게"라고 말해야 하거나, 상대와 깊이 있는 대화를 주고받는 대신 보이지 않는 상대방과 안부, 지금 있는 장소, 날씨에 대한 말을 주고받을 때면 문득 우리가 특이한 습관을 가지고 있다는 사실을 깨닫게 된다. 그것은 바로 전화하는 사람이 우선시된다는 것이다.

전화나 팩스, 이메일 등은 우리가 세상과 통하는 문이다. 팩스와 이메일은 신속한 답변을 요구하기는 하지만 즉각적인 반응을 요하지는 않는다. 하지만 전화 소리는 뭔가 조급하게 우리를 강요하는 것 같다. 누군가가 나와 이야기를 하고자 하는데, 그것도 지금 당장, 급하게 말이다. 아무리 중요한 프로젝트에 몰두하고 있더라도, 가족과 함께 식사를 하거나 병원 응급실에 드러누워 있는 중이라도 예외가 아니다.

물론 스마트폰 사용을 자제하고 세상과 거리를 두기 위해 이메일을 사용할 수 있다. 하지만 스마트폰이 울리는데 받지 않으면 양심의 가책을 느낀다. 우리는 다른 사람을 실망시키고 싶지 않아서 또는 지금까지 계속 피해왔기에 전화가 울리면 급히 받는다. 그리고 스마트폰은 없어서는 안 될 물건이라고 여긴다. 그 결과 우리는 수동적으로만 반응하고, 우리의 일상을 잘게 조각내며, 혼자 생각하는 것은 물론 다른 사람과 대화조차도 제대로 하지 못한다.

우리는 여섯 가지 통로를 통해서 서로에게 연락할 수 있다. 직접 만나기, 편지 보내기, 전화하기, 팩스하기, 이메일 보내기, 문자메시지 보내기가 그것이다. 다른 사람이 나에게 연락을 할 수 있게 하되, 내가 늘 대기하는 상태에 있지 않으려면 어떻게 해야 할까?

실천하기 3

상대가 원할 때마다 응하지 않는다
일상에서든 직장에서든 방해받지 않는 시간을 정해놓는다. 일의 생산성을 높이기 위해서 그리고 집에서는 재충전을 할 수 있도록, 혼자서 생각도 정리하고 감정을 진정시킬 수 있는 시간이 필요하다. 그러므로 외부 세계와 차단하는 태도는 이기적이거나 나의 편안함만 생각하는 것이 아니라 오히려 전문가다운 행동이다. 일의 성과를 올릴 수 있는 적절한 조건을 마련하는 방법이다. 따라서 당신의 사장이나 상사는 그와 같은 점을 충분히 존중해줘야 한다.

차단하는 법을 배운다

언제라도 누군가에게 연락이 닿을 수 있는 사회에서는 세상과 자신을 차단하기가 쉽지 않다. 다음과 같은 원칙에 따라 행동하면 도움이 될 것이다.

- 직장에서는 매일 최소한 1~2시간은 방해받지 않고 일하도록 한다. 이 시간에는 전화도 다른 동료가 받도록 한다. 반대로 그 동료가 방해받지 않고 일만 할 때 당신이 대신 전화를 받아주면 된다.
- 식사를 할 때는 어떤 전화도 받지 말자고 가족들과 합의를 본다.
- 저녁 8시나 9시, 10시 이후에는 전화를 받지 않는다.
- 휴대폰 번호는 소수의 사람들에게만 알려준다.

이렇게 하면 전화를 거는 사람들은, 이를테면 오후 1시에서 4시 사이에 당신 집으로 전화를 하면 잘 받지 않고, 아침 8시에서 10시 사이에는 아무리 전화를 해도 받지 않는다는 것을 금세 알아차리고 여기에 익숙해진다.

당신의 연락 스타일을 드러낸다

숲에서 소리를 지르면 메아리가 되어 돌아온다. 그렇듯 전화를 잘 하지 않고 대신 주로 팩스나 이메일을 이용하는 사람은 자동적으로 방해되는 전화를 적게 받고 이메일과 문자 또는 팩스를 받게 될 것이다. 이런 식으로 해나가면 당신의 시간을 되찾을 수 있다. 즉 언제, 어떻게 반응해야 할지를 결정할 수 있는 것이다. 미국에서는 미리 알리지 않고 전화를 하면 다소 배려가 부족한 행동으로 여긴다고 한다. 그런 식으로 전화를 하면 상대방에게 방해가 될 수 있기 때문이다. 그래서 이제 전화보다 이메일을 더 선호하며, 전화는 집을 방문하는 것과 마찬가지로 사전에 전화를 할 것이라고 알린 뒤에 건다.

이메일과 문자메시지에 신뢰할 수 있게 대답한다

가능하면 짤막하게 대답하는 것이 좋다. 흔히 "고마워요!" 또는 "멋지군요!"라는 말로도 충분할 때가 있다.

적합한 수단을 고른다

나는 신중하고도 비동시적으로 대화가 이루어지는 이메일을 지극히 좋아하는 편이지만 어떤 경우에는 이메일로 쓰기에 적합하지 않은 때가 있다. 이를테면 어떤 문제점을 서로 따져야 할 때는 전화를 하거나 직접 만나서 대화하는 것이 좋다. 그리고 특별히 다른 사람에게 무슨 부탁을 하는 경우에는 이메일로 해서는 안 된다. 서로 마주 보면서 상대의 말을 듣고 상대가 하는 말 중간에 끼어드는 일도 필요할 때가 있으니까 말이다.

잦은 이동은 삶의 질을 떨어뜨린다

우리는 도시에서 일하고 근교에서 산다. 독일의 울름과 이탈리아의 페루자에서 대학공부를 했으며, 주말이면 런던이나 베니스로 여행도 간다. 우리는 신선한 아스파라거스나 신제품 전자기기를 구입하기 위해서라면 수십 킬로미터 떨어진 곳이라도 차를 몰고 간다. 도시 반대편에 있는 유치원에 아이를 보내기 위해서 새벽에도 거뜬히 일어난다. 바다를 보러 비행기를 타고 1만 킬로미터를 가기도 한다. 이는 유연하고, 열린 가슴으로 세상을 맞이하며, 이동을 잘한다는 뜻이다. 그야 물론 정신적으로도 마찬가지다.

독일 북쪽의 로스토크에서 남쪽의 도시 레겐스부르크로 이사를 가거나 반대로 남쪽에 있는 도시 본에서 북쪽의 베를린으로 이사한 사람들을 우리 부부는 많이 알고 있다. 매력적인 직장을 놓칠 수 없다는 이유에서 그런 것이다. 그들이 낯선 지역에서 어떻게 다시 익숙해지는지 흥미롭게 관찰했다. 우리 부부역시 45년 동안 유목민처럼 떠돌아다니다가 마침내 정착할 곳을 찾아서 우리 집을 갖게 되었을 때 너무 기뻤다. 우리는 유동적이기는 하지만 그렇다고 거주지를 바꾸고 싶지는 않기 때문이다. 가정을 이루고 집을 갖게 되는 시점이면 대부분의 사람들은 익숙한 주변 환경에서 사는 것을 더 좋아한다. 낯선 도시로 이사를 가면 더 수준 높은 생활을 할 수 있다 하더라도 말이다. 마인츠대학교와 밤베르크대학교에서 실시한 '직업의 이동성과 삶의 형태'라는 조사에 따르면 남성의 경우 절반가량, 여성은 3분의 1 이하가 더 나은 직장을 위해서 집을 옮길 것이라는 대답을 했다.

우리는 여가 시간에나 이동하고 싶다. 통계에 따르면 쇼핑을 가는 차량과 여가 시간에 움직이는 차량이 놀라울 정도로 늘었다고 한다. 이미 일 때문에 1킬로미터를 운전하면, 여가 시간에는 2킬로미터를 달리는 실정이다. 직업상 어쩔 수 없는 이동, 낯선 도시로의 잦은 이사가 스트레스를 준다는 사실은 이미 밝혀졌다. 하지만 여유만 생기면 미친 듯이 돌아다니는 행위가 자연과 환경을 훼손할 뿐 아니라 삶의 질까지 떨어뜨린다는 사실을 대부분의 사람들은 받아들이지 않았다. 자동차, 비행기 또는 지하철에 있는 시간은 우리가 낭비한 시간이다. 그렇지 않다면 왜 고속도로의 속도 제한이야말로 우리의 시간을 훔쳐 가는 주범이라 생각하고, 30킬로미터로 달려야 하는 구간에서도 고집스럽게 50킬로미터로 달리고, 기차가 1분이라도 늦게 도착하면 기분 나쁘게 받아들이겠는가? 떠나는 사람은 오직 '도착'만을, 즉 한 장소만을 줄곧 생각한다. 이를테면 물건을 싸게 파는 대형 할인매장, 숲이 우거진 곳, 높은 산, 멋진 커피숍, 햇볕이 따뜻한 곳만 생각하는 것이다.

어딘가로 이동하는 동안 우리의 삶은 전진하지 못하고 있다. 그러나 다르게 생각할 수도 있다. 가령 앞으로 목적지까지 가야 할 시간을 벌여들였다고 보면 된다. 이 시간 동안 차를 마시거나 이야기를 나누거나 햇볕을 쬐거나 자신에 대해서 생각해보면 어떨까?

휴가 때 집에 머문다

1년에 몇 차례씩 특정 지역을 구경하기 위해 떠나는 여행과 스키, 등산 또는 건강을 위한 주말여행이 요즘의 트렌드가 되었다. 그런 짧은 여행은 반복되는 일상을 중단시키고 과도한 스트레스를 주기 십상이다. 대개 이런 여행은 금요일 오후에 떠나서 일요일 저녁에 돌아온다. 이탈리아의 티롤 남부 지방에서 하루 반 동안 등산을 하기 위해 이틀 반이나 고속도로를 달려야 한다. 거기에 여행을 준비하는 시간 한나절까지 계산에 넣는다면 짧은 여행에서는 사실상 별로 건질 게 없다. 다시 말해 우리가 쏟아부은 것보다 더 많은 것을 건질 수 없다는 말이다. 하지만 주말을 집에서 보내면 금요일 오후부터 주말이 시작되어 일요일 밤까지 지속된다. 낮잠을 자고, 푸짐한 아침을 차려 먹고, 웃고, 콘서트에 가고, 사랑하고, 보트를 타고, 소풍을 가고, 책도 읽을 수 있다. 그동안 고속도로는 정체가 심해서 자동차들은 수십 킬로미터씩 줄지어 서 있을 것이다.

비용을 계산한다

자동차를 타고 축제를 구경하기 위해 떠나는 여행은 모두 돈이 든다. 우리가 열심히 벌어야 하는 돈 말이다. 그렇게 보면 유동성 또는 이동이라는 신화는 지극히 비싼 것임에 틀림없다. 그러므로 당신에게 삶의 질을 더 많이 높여주는 것이 무엇인지 깊이 생각해봐야 한다.

- 가격 부담이 적은 폭스바겐을 살까, 아니면 험한 길을 잘 달리지만 비용이 더 들어가는 랜드로버를 살까?
- 한적한 전원도시에서 살까, 아니면 직장과 가까운 동네에서 살까?
- 주말에 비가 온다고 하는데 집에 있을까, 아니면 고속도로가 막힐 것이 뻔하지만 바다 구경을 가는 게 더 좋을까?
- 돈을 들여 집을 수리할까, 아니면 해외여행을 할까?

물론 두 가지 모두 할 수 있다면 완벽한 해결책일 것이다. 하지만 대부분의 사람들에게 그것은 현실적으로 불가능하다. 당신에게 좋은 것이 가장 좋은 것이니, 무엇이 더 나은 선택인지 생각해본다.

새로운 트렌드에 열광하는 사람들

잡지 〈브리기테Brigitte〉는 분홍색 커튼과 꽃무늬 이불로 집 안에 봄을 몰고 오는 방법을 보여준다. 그런가 하면 일간지 〈남독 신문〉은 세계적인 여성(경험도 많고 영리해서 항상 확고하고도 세련되게 처신하는 여성을 말함 - 옮긴이 주)은 도스토예프스키 소설을 최소한 한 권은 읽었다는 기사를 싣는다. 잡지 〈아미카Amica〉는 화장품계의 고전 격인 열다섯 가지 화장품을 소개하고, 남성의 건강을 주제로 다루는 잡지는 이상적인 몸매에 관한 비밀을, 〈비즈니스 보그Business-Vogue〉지는 공정한 대표가 될 수 있는 여섯 가지 규칙을 알려준다.

경험을 중요시하는 사회에서도 미학이 윤리를 완전히 대체하지는 않았다. 하지만 집 꾸미기나 라이프스타일, 경영이나 정치에서 이미지와 디자인, 성공적인 자기 연출은 우리의 일상에서 점점 더 중요한 역할을 맡고 있다. 우리가 구입하고, 가지고, 들고 다니고, 몰고, 읽고, 듣는 것으로 우리의 내면, 즉 가치관과 견해를 표현하며 사회적 지위도 연출한다. 물론 경제와 대중매체들도 적극적으로 이런 태도를 거든다. 그리하여 아름답고 흥미롭고 편하며 세계적이라는 범주가 전면에 등장한다.

그런데 정작 아름답고 흥미롭고 편하며 세계적으로 유행하는 것들이라도 늘 변한다. 매일 새로운 트렌드가 생겨나고 있는 상황이다. 작년에는 소수만이 알고 있던 것도 올해에는 대중적으로 유행한다. 미국에 직접 가서 갭GAP 청바지를 살 필요 없이 시내에 나가서 살 수 있을 때가 되면 우리는 마침내 냉정을 되찾는다. 비용을 많이 들여서 획득한 물건의 상징적인 가치는 보잘것없는 이용 가치에 길을 비켜주고 만다.

대중과 차별화하기를 원하는 사람은 쉴 틈이 없다. 다음번 트렌드가 뭔지 알아차리거나 트렌디한 새로운 물건을 소유하거나 적어도 알고 있는 사람만이 잘난 체할 수 있고, 자신은 다른 사람에 비해서 도시적이고 취미가 고상하며 개성이 있다고 느낄 수 있다. 대부분의 사람들은 20대 후반에서 30대 중반이 되면 자신만의 스타일을 찾는다. 그럼에도 불구하고 라이프스타일이라는 회전목마는 속도를 줄이지 않고 돌고 있으며 라이프스타일 산업은 매번 세련된 신상품, 오락거리, 기술, 행복해질 것이라는 약속을 남발하면서 사람들을 유혹한다.

성공한 삶의 내적인 모습이야말로 우리에게 자극이 된다.

다음의 내용을 읽으면서 온갖 트렌드에 인생을 낭비하지 않고 당신만의 방식대로 살아갈 수 있는 방법을 발견해보자.

트렌드로부터 일정한 선을 긋는다

미니멀리즘을 강조하는 극단적인 소박함 또는 '대중적인 것이 아니라 멋진 것Klasse statt Masse'이라는 캐치프레이즈는 수십 년 전부터 꾸준히 우리를 속이고 있는 취향이자 스타일이다. 하지만 사실 우리는 트렌드나 유행과는 상관없이 살 수 있다. 냉동고에 들어 있는 바닷가재 대신 방목한 닭의 가슴살을 구입하고, 플라스틱 대신 티크 나무로 된 물건을, 샴페인 대신 카푸치노를 살 수 있다. 또한 장식품이나 유행하는 액세서리, 장난감 대신 실용성이 있고 아름다운 물건에 돈을 쓰면 된다.

유행과 상관없는 자신만의 스타일을 개발한다

집 꾸미는 것이나 좋아하는 음악, 단어 선택, 경영 스타일은 옷장을 관리하는 것과 같다. 오히려 고전적일수록 그만큼 더 오래 가고 더 교양 있다. 여러 개 의자 대신 아주 커다란 소파 하나, 좁고 동그란 식탁 대신 널찍한 식탁을 선택하고, 이것저것 잡다한 음식을 대접하는 대신 8인분 또는 10인분에 해당하는 코스 음식을 대접한다. 그리고 작은 물건, 이를테면 쿠션이나 꽃 또는 식탁 세트 정도는 유행이나 트렌드에 맞춰서 바꿔주면 된다.

하지만 트렌드를 거부하지는 않는다

유행을 거부하는 사람들에게 한마디 충고하고 싶다. 혹시 유행과 트렌드라면 예외 없이 얄팍하게 보고 무시하고 있는가? 그렇다면 당신은 그럴 필요도 없는데 삶을 힘들게 만드는 사람에 속한다. 지금처럼 빨리 돌아가는 사회에서 변화를 거부하면 멈추게 되고 뒤떨어지게 된다. 그러면 다른 사람들뿐 아니라 당신이 봐도 스스로가 늙어 보인다. 직업적으로는 물론이거니와 일상에서도 점점 그렇게 된다. 그러므로 적어도 현재 어떤 트렌드나 상징들이 한창 유행하고 있는지 정도는 알고 있는 게 좋다.

'쓸데없는 일 줄이기'가 의미하는 것

이번 장에서 당신이 그리 어렵지 않게 실천할 수 있는 제안이나 충고는 무엇인가? 당신은 앞으로 멀티옵션 사회에서 어떤 것을 과감히 버릴 것인가? 앞으로 당신의 포트폴리오에서 어떤 측면에 더 많이 신경을 쓸 것이며, 또 어떤 면에 신경을 덜 쓸 것인가? 가능하면 적게 기록하되 구체적으로 실천할 수 있는 내용을 메모한다.

8장

배우자는 나에게 어떤 사람인가

깊이 사랑하기

사랑과 결혼, 배우자와의 관계는 우리에게 행복을 가져다주는 매우 큰 요소다. 좋은 부부 관계를 유지한다는 것은 곧 갈등을 잘 관리한다는 의미이며, 집이라는 공간을 넘어 서로의 이상과 문제까지도 함께 공유하는 것을 말한다. 배우자를 깊이 사랑하고 존중하는 태도로 살아갈 때 우리는 지금보다 더 행복하게 살아갈 수 있다.

●

당신이 샌드위치를 주문하는 데 한 시간 반이 걸리기 때문에
나는 당신을 사랑해. 나를 쳐다볼 때면 당신의 콧잔등에 주름살이
생겨서 나는 당신을 사랑해. 당신과 하루를 같이 있으면
그 후에도 내 물건에서 당신의 향수 냄새가 나서
나는 당신을 사랑해. 또한 당신은 내가 잠들기 전에 얘기를 나누고
싶은 유일한 사람이기에 나는 당신을 사랑해.

영화 〈해리가 샐리를 만났을 때〉 중

●

영화가 시작하고 90분 뒤에 남녀 주인공이 행복한 표정으로 서로를 포옹하면 엔딩크레딧에 'The End'가 반짝거리며 떠오른다.

"그들은 결혼식을 올린 뒤 죽을 때까지 행복하게 살았습니다."

오래된 영화는 이렇게 끝난다. 왕자가 나타나서 공주를 구해 성으로 데려가는 아름다운 동화의 결말도 마찬가지다.

우리는 결혼식을 올릴 때 하얀 웨딩드레스를 입고 손에는

부케를 쥔 채 "서로 아끼고 사랑하며 기쁠 때나 슬플 때나 존중하겠습니다"라고 약속한다.

누군가는 위대하고 황홀한 사랑을 꿈꾸겠지만, 그런 사랑이 현실적으로 가능하다고 믿을 만큼 우리는 순진하지 않다. 현실에서 결혼은 시작을 의미한다. 혹은 어떻게 끝이 날지 알 수 없는 '시도'라고 표현해야 적절할까. 죽음이 두 사람을 갈라놓을 때까지 부부가 함께 살 확률과 가정법원 판사가 이혼 판결을 내릴 확률은 1대 2다. 두 사람을 하나로 묶어주는 것은 감정과 호감 외에 별로 없기 때문이다. 전통적으로 결혼을 안정적으로 지켜주었던 요소, 이를테면 신앙, 자손 또는 경제적인 예속과 같은 요소는 그 의미를 상실했다. 대신 이제는 행복에 대한 기대감이 훨씬 늘어나고 있다. 두 사람이 서로에게 한 약속을 결혼 생활에서 지키지 못하고, 행복한 삶에 대한 두 사람의 주관적인 생각이 맞지 않으면 이혼이라는 위협이 닥친다. 그런 뒤 우리는 또다시 새로운 상대를 만나고 새로운 행복을 찾으려고 안간힘을 쓰는 것이다.

비록 함께 살다 보면 두 사람 사이에 지겹고 권태로운 시간도 많지만 결혼이라는 제도에는 거부할 수 없는 사실이 있다. 그것은 바로 행복은 하룻밤 정열을 불태우거나 일시적으로 함께 사는 파트너를 구하는 데 있는 것이 아니라는 점이다. 우리가 정말로 원하는 것은 관계가 끈끈한 부부가 되는 것이다. 우선 통계를 보더라도 부부로 사는 사람이 또래의 싱글이나 이혼하고 혼자 사는 사람보다 더 행복하고 더 건강하며 더 오래 산다. 두 번째로, 결혼한 경험이 있더라도 그 경험은 새 출발에 별로 도움이 되지 않는다. 이혼 또는 동거를 해본 경험이 있는 사람은 상대와 헤어지게 된 개인적인 문제와 결함을 발견하고 새로운 상대를 만나더라도, 그런 개인적인 문제와 결함이 함께 따라다니기 마련이다. 이미 이혼한 경험이 있는 사람은 새롭게 만난 상대를 누구와도 대체할 수 없는 유일한 사람으로 인식하지 않으며, 느슨한 관계를 맺고, 위기가 발생하면 비교적 빨리 상대를 버린다. 그래서 재혼한 부부는 처음 결혼하는 부부에 비해 이혼율이 10퍼센트 더 높게 나타난다.

그러므로 남편 또는 아내가 완벽하지 않더라도 너무 빨리 포기해서는 안 된다. 배우자가 무슨 일을 하더라도 예쁘게 보이는 시기가 지나가고 냉철한 시간을 갖게 되면 이제는 사랑의 법칙을 알아야 한다. 다시 말해, 두 사람에게 호르몬으로 인한 행복의 절정 같은 것은 앞으로 없다고 생각해야 한다. 배우자와 함께 살려면 타협, 창의성, 우정, 적응과 체념으로 이루어진 칵

부부 관계 포트폴리오 작성하기

부부에게는 신뢰, 유대, 열정, 보호 등 다양한 관계의 모습이 있다. 당신의 사랑에는 어떤 것이 강한가? 또 부족한 면은 무엇인가?
어떤 모습에 대해서 고민하고 싶은지 목록을 작성하고 포트폴리오를 만들어보자. 포트폴리오 요소는 다음과 같은 것들이 있다.

· 인정, 존경	· 로맨틱함
· 솔직함	· 배려와 유대
· 더 많은 대화	· 성생활
· 공동의 관심사	· 사회적 지위
· 공동의 가치와 목표	· 정숙함
· 조화로움	· 지지
· 친밀함	· 부양
· 자녀 문제	· 이해심
· 갈등 해결	· 신뢰
· 웃음, 재미, 유머	· 애정, 열정, 사랑

당신의 부부 관계 포트폴리오에 어느 정도 만족하는가? 어떤 요소를 개선하고 싶은가? 당신의 내적 동인에 방해가 되는 요소는 무엇인가? 목표를 화살표로 표시하고, 필요 없는 요소는 지우고 새로운 요소는 써넣도록 한다.

테일을 만드는 일이 중요하다. 당신이 그런 것을 원한다면 이번 장에서 발견하게 될 것이다.

부부 관계를 지속하는 3가지

"아침에도 저녁에도, 당신과 내가 근심을 나누지 않은 날은 단 하루도 없었네."

1797년 베토벤이 작곡한 〈그대를 사랑해 Ich liebe dich〉는 이렇게 시작한다. 심금을 울리는 이 소박한 가사는 정열적인 사랑이 지나가고, 그 사랑이 우정과 연대감의 관계로 변하며, 모든 사랑이 그렇듯 사랑이 식어서 두 사람이 격렬하게 다투기 시작할 때 무엇이 정말로 중요한지를 말해준다. 바로 호감과 애정, 강렬한 연대감이다.

호감 좋은 부부 관계에서는 신경질적이거나 적대적인 감정보다 사랑스러운 감정이 우세하다. "당신이 늘 이런 식으로 나오면 나도 화가 날 수밖에 없어"라고 말하는 대신, "당신이 나를 사랑하듯 나도 당신을 사랑해"라고 좋은 감정을 표현하는 것이 중요하다.

애정 사랑을 지속적으로 유지하려면 이를 돌보고 가꾸어야 한다. 휴가 갔을 때나 기념일에만 그렇게 하는 게 아니라 매일같이, 아침에도 저녁에도 해야 한다.

연대감 부부란 혼자만이 떠나는 여행이 아니다. 부부는 서로 많은 것을 나누고, '당신과 내'가 있으므로 존재하고, 감정적으로 '당신과 내'가 분리되면 고통스럽다.

어떻게 해야 행복한 부부생활을 유지할 수 있는지는 이제 더 이상 비밀이 아니다. 전 세계 유수의 학자들은 결혼을 유지시켜주는 것이 무엇인지를 연구했다. 그 결과에 따르면 처음 상대방에게 사랑에 빠지는 정도, 개인의 특징, 가령 지성, 외모, 교육, 수입과 같은 것들이 행복한 부부생활을 보장해주는 것이 아니다. 스위스 프리부르에서 가족연구소 소장을 맡고 있는 구이 보덴만Guy Bodenmann은 "행복한 부부생활을 장기간 보장해주는 유일한 보증서는 개인의 능력과 부부의 능력이다"라고 종합적인 결론을 내렸다. 다시 말하면 부부가 계속 함께 살 수 있을지 아닐지는 주로 자신의 감정을 현명하게 다루는 능력에 달려있다는 것이다. 어떻게 서로를 대하고 대화를 나누는지, 일상의 스트레스를 어떻게 극복하며 문제들을 어떻게 해결하는지와 같은 것들에 달려있다는 의미이다.

사소한 감정을 공유하라

사랑은 일상에서 시작된다. 함께 소파 덮개를 사러 갔을 때나, 집 안 다른 공간에 있어도 함께함을 느낄 때, 겨울이 지나고 마당을 함께 청소할 때……. 이처럼 사소한 일들이 서로의 사랑과 우정을 강화하고 호감과 관심을 만들어낸다. 함께 행동하고, 사소하지만 사랑의 표현을 하는 일이 얼마나 좋은지는 그런 것이 사라졌을 때 알 수 있다. 저녁마다 함께 동네 한 바퀴를 도는 일에 더 이상 관심이 없어졌거나, 회사에서 최근에 일어난 일을 얘기해줘도 별다른 반응이 없는 경우다.

부부 관계를 연구하는 심리학자 존 가트맨John M. Gottman에 따르면, 행복한 부부의 경우 배우자가 다른 사람을 비판하든 자신에 대해 부정적인 의견을 내놓든 상관없이 최소한 다섯 번은 다정하고 애정 어린 반응을 한다고 한다. 호감과 비판, 웃음과 울음, 사랑의 속삭임과 귀청이 터질 듯한 싸움 사이에 조화로운 관계가 형성되면 자주 싸우든 적게 싸우든 전혀 중요하지 않다.

중요한 것은 좋은 순간의 총합이 나쁜 순간의 총합보다 더 많으면 된다는 점이다. 다툼과 불화를 방지하는 데는 생일날 빨간 장미나 보석 반지를 선물하는 것보다 일상생활에서 호감을 표시하는 것이 더 효과적이다.

서로의 가치를 인정해주고 감탄하는 부부는 쉽게 깨지지 않는다.

배우자에게서 긍정적인 경험을 많이 하면 가끔 배우자가 자극적인 말을 하더라도 자신을 비난한다고 해석하지 않고 다른 문제로 화가 나서 그런 것으로 받아들인다. 이런 경우 '아마 회사에서 무슨 스트레스 받는 일이 생겼나 보다'라고 이해하고 흥분이 가라앉기를 기다린다. 하지만 두 사람 사이의 긍정적 관계가 오래전에 일어났다면 상대의 기분을 배려하기보다 오히려 분노를 참지 못하고 그것을 터뜨린다. "당신, 회사에서 받은 스트레스를 계속해서 나한테 풀어야 해?"라는 식으로 말이다.

부부가 서로에게 호감을 갖고, 가치를 존중하고, 서로의 능력에 감탄하더라도 가치관과 삶의 목표가 서로 다른 것까지는 막지 못한다. 하지만 상대에 대해 좋은 감정과 태도를 가지고 있으면 최악의 사태는 막을 수 있다. 예컨대 사이가 좋은 부부라 할지라도 부정적인 감정이 생길 수 있는데, 이때 평소에 가지고 있던 좋은 감정은 두 사람이 극단적으로 행동을 하지 않도록 해준다.

배우자의 어떤 점을 좋아하는지 생각해본다

남자와 여자는 부부 관계에서 발생하는 문제에 아주 다르게 반응하지만, 놀랍게도 두 사람이 일상적으로 맺고 있는 긍정적인 측면은 비슷하게 평가한다. 그러니 우리가 '화성에서 왔건 금성에서 왔건' 그것은 중요하지 않다. 우리는 부부 관계의 장점들을 당연한 것으로 받아들인다. 특히 부부가 함께 살아온 기간이 오래될수록 상대의 장점을 그다지 독특하게 보지 않고 상대의 개성과 성향에 주의를 기울이지 않는다. 모두 행복의 화학작용 때문이다. 즉, 사람들은 늘 주변에 있는 것에 대해서는 행복한 감정을 느끼지 못한다. 그러므로 오래 산 부부라면 좀 더 노력을 기울여 주목할 만한 것에 의식적으로 주의를 기울여야 한다.

- 배우자의 성격 가운데 긍정적인 것 3가지만 생각해본다.
- 저녁 식사를 하면서 나누었던 기분 나쁜 대화가 아니라 어젯밤의 즐거웠던 시간을 생각한다.
- 지금까지는 중요하지 않거나 당연한 것으로 여겼던 것에 대해서 즐거운 기분으로 상대를 인정해준다.

- 다른 사람과 얘기할 때 배우자를 무시하는 말이 아니라 인정해주는 말을 한다.

천천히 그리고 꾸준히 다가간다

매일 배우자에게 애정과 감탄의 표현을 한다. 칭찬이나 감사의 말을 한 마디 한다거나 애정 어린 몸짓이나 사랑의 표현을 하는 것이다. 아내의 자동차에 기름을 채워주거나, 남편이 좋아하는 잡지를 가져다주거나, 남편의 커피잔에 아침 인사를 적은 포스트잇을 붙여놓거나, 최근에 별로 사이가 좋지 않았지만 그럼에도 아내를 꼭 안아준다. 그리고 이런 행동은 꾸준히 해야 한다. 이런 방식으로 부부 관계를 향상시키려는 노력을 계속하면 배우자와 다시 잘 지낼 수 있는 기회가 많아질 것이다. 최근 몇 달간 또는 몇 년간 서로 상처를 주거나 무관심하게 대했다면, 한쪽에서 그렇게 노력하더라도 상대가 금세 마음을 열지는 못할 것이다. 아마 처음에는 전혀 느끼지 못할 수도 있다. 배우자가 마음을 열고 사랑으로 당신을 대할 때까지는 시간이 많이 걸릴 것이라고 미리 마음의 준비를 해두는 것이 좋다.

함께 과거의 추억을 떠올려본다

지금의 배우자를 사랑해서 결혼했지, 결혼하면 세금 혜택이 많아지기 때문에 결혼하지는 않았을 것이다. 과거 서로 미친 듯이 사랑했고, 할리우드 영화에 나오는 해피엔딩을 꿈꾸며 오직 두 사람만이 공유하고 싶은 온갖 진부하고 유치한 짓도 해보았을 것이다.

두 사람의 관계에서 가장 행복하고 아름다웠던 순간들을 기억에서 놓치지 말아야 한다. 예를 들어 배우자와 처음으로 키스했던 순간을 떠올리는 것이다.

부부 관계를 망치는 가장 큰 원인

마이케는 오늘 하루도 힘들 것임을 알았다. 아침에 스페인 여자와 상담을 해야 하고, 그리고 난 다음 고객을 방문하고, 점심시간에는 치과에 가기로 했다. 간호사가 예약 시간을 미뤄주겠다고 했는데 가능하면 오후에 한가한 시간으로 잡아주면 좋겠다. 오늘이 목요일이어서 남편 필리프가 아들 팀을 유치원에서 데려오는 날이라 그나마 숨 돌릴 시간이 있기는 했다. 어젯밤 필리프는 "여보, 내일 말이야. 당신이 팀을 데려오면……"이라고 말을 꺼냈다가 더 이상 말을 하지 않았다. "안 돼, 그건 말도 안 돼!"라면서 마이케가 단호하게 거절했기 때문이다. "내일은 당신이 가는 날이잖아. 당신, 잊어버렸는지 모르겠지만 나도 직장에 일하러 가는 사람이야!"

보통의 맞벌이 부부가 살아가는 모습이다. 사실 우리는 싸우고 싶지 않다. 하지만 싸우길 원치 않는다고 해서 일이 해결되는 것은 아니다. 마치 우리는 살아가면서 한 번도 감성지수EQ라는 말을 들어보지 못한 사람들처럼 서로에게 상처를 주고 유머 없이 대한다. 이렇듯 결혼생활에서 부부 관계를 망치는 가장 큰 원인은 대부분 무관심이나 애정 없는 태도가 아니라 놀랍게도 외부의 '스트레스'다.

가족을 연구하는 스위스의 한 연구소는 장기간에 걸친 조사 끝에 일상생활의 스트레스가 부부 관계를 해치는 원인이라는 사실을 밝혀냈다. 야근과 출장, 예금 잔액, 시부모나 장인, 장모 갈등, 끝없이 울어대는 아기 등의 요소들이 부부가 모르는 사이에 두 사람 사이를 갈라놓는다고 한다. 5년간의 조사 결과, 일상생활에서 스트레스를 많이 받은 부부는 그렇지 않은 부부에 비해 이혼율이 훨씬 높았다. 스트레스가 쌓인 부부는 세월이 흐르면서 상대방에 대한 만족도가 현격히 떨어지고 5년 후에는 두 사람의 관계가 위험한 지경에 이르렀다. 반대로 일상생활에서 별로 스트레스를 받지 않거나 뛰어난 해법으로 위기 극복을 잘하는 사람들은 상대적으로 탄탄한 부부 관계를 이어 나갔다. 따라서 학자들이 내린 결론은, 스트레스를 덜 받고 스트레스를 잘 해소할수록 부부가 오랫동안 같이 살 가능성이 높다고 한다.

외부에서 받는 스트레스를 줄인다

널리 알려진 생각과 달리 부부가 서로 성격이 다르다고 해서 두 사람 사이에 스트레스가 발생하는 것은 아니다. 스트레스의 주요 원인은 오히려 외부에서 온다. 직장에서 맡은 책임, 집안일, 부족한 유치원의 수, 유동성과 유연성에 대한 요구, 그리고 우리의 신경을 있는 대로 긁어대는 바람에 마침내 배우자에게 폭발해버리게 만드는 사소한 스트레스 등이다. 집안일을 간소화하고 좀 더 마음의 여유를 가진다면, 그리고 사회가 주는 갖가지 기회를 모두 누리려고 하지 않는다면 배우자에게 좀 더 많은 인내심과 관심을 가지고 배우자를 더욱 깊이 사랑하면서 살아갈 수 있다.

부담스러운 일을 숨기지 않는다

다음 주에 있을 일들을 일요일에 자세히 얘기한다. 남편에게 앞으로는 저녁 늦게까지 회의하는 일이 잦아지지 않도록 신경 써달라고 당부하고, 퇴근하면 힘든 하루를 보냈으니 30분 정도 휴식이 필요하다고 말한다. 아내가 정신적으로 완전히 지쳐 있다는 느낌이 들 때면 우유라도 따뜻하게 데워서 주도록 한다. 관계가 좋은 부부는 상대가 힘들어하거나 신경이 예민해져 있을 때 그것을 함께하고 힘을 보태주려 노력한다.

예민한 대화 주제는 조심스럽게 꺼낸다

부부가 말다툼을 하는 경우 대부분 이야기를 시작했을 때처럼 아주 신경질적으로 끝나기 마련이다. 또는 태연하게 끝나기도 한다. "당신 또 그렇게 이야기하기야……?" "당신은 한 번도 그런 생각을 못 하잖아" "당신은 너무 비겁해"와 같이 냉랭하게 대화를 시작하면 대체로 그 싸움은 끝이 좋지 않다. 스트레스는 두 사람이 서로 대화할 수 있는 능력을 떨어뜨리기 때문이다. 다른 사람의 의견에 별로 관심이 없는 이유는 대개 자신을 보호하기 위해서다. 이런 분위기에서는 두 사람이 해결책을 찾는 게 아주 불가능한 것은 아니지만 매우 힘든 것만은 사실이다. 그와는 반대로 "당신이 이렇게 한다면 좋겠는데" "당신이 걱정되어서 하는 말인데……" "오늘 쓰레기 버리는 날이야. 이건 당신이 하기로 정했던 것 혹시 기억나?"처럼 처음에 조심스럽게 말을 꺼낸다면 대화가 훨씬 부드럽게 진행될 것이다. 그러다 보면 생산적인 결론이 나올 가능성도 높다. 문제를 더 키우지 않고 해결하려면 조심스럽게 이야기를 꺼내는 것이 간단하면서도 효과적인 방법임을 잊지 않도록 하자.

영원히 해결되지 않는 문제들

아내는 사람들과 어울리는 것을 좋아하지 않고 남편은 사회적으로 여러 가지 책임을 떠안고 있다. 아내는 일에 몰두하는 것을 좋아하고 남편은 둘째 아이를 갖고 싶어 한다. 아내는 늦어도 10시에는 잠자리에 들고 남편은 밤늦도록 텔레비전을 보며 잘 생각을 하지 않는다. 아내는 화를 내고 소리를 빽빽 질러 대지만 남편은 아무 대꾸도 하지 않고 조용히 있는 편이다.

우리는 사람을 바꿀 수 없다는 사실을 잘 알고 있다. 물론 바꾸려는 생각도 없다. 시간이 지나면 나와 반대되는 의견이더라도 그것을 믿게 되고, 배우자는 나의 취향과 기질 그리고 청결함이 얼마나 좋고 멋진지 알게 될 것이기 때문이다. 배우자는 나와 함께 식사하고 잠자리에 들기를 원하지만 나의 모든 의도와 개성, 가치관마저 함께 나누고자 하지는 않는다는 사실을 깨닫게 될 때까지는 얼마간 시간이 필요하다.

그리하여 우리는 아무런 소용이 없음에도 타협하려고 몸부림치고 맹세하고 싸우고 논쟁한다. 그 때문에 가까워지기는커녕 더 부딪히기만 한다. 그리고 마침내 어느 순간이 되면 남편 또는 아내의 사랑을 의심하기 시작한다.

사랑은 우리에게 마법을 건다.
하지만 이 마법이 두 사람의 차이까지 없애주지는 않는다.

사랑에 빠지면 열정 때문에 서로의 차이점과 성격은 눈에 잘 들어오지 않는다. 하지만 관계가 지속되면서 두 사람의 세계는 충돌하기 시작한다. 근본적으로 다른 개성과 가치관을 지녔으며 유년 시절이 서로 다른 두 사람의 세계가 부딪히는 것이다. 이런 모든 것을 간단하게 바꿀 수는 없다. 그러려면 어느 한 사람이 자신의 정체성을 포기해야 하기 때문이다.

따라서 모든 남녀 관계는 결코 그 해결책을 찾을 수 없는 문제가 있기 마련이며, 하물며 사랑하는 관계라면 두말할 필요도 없다. 존 가트맨이 16년에 걸쳐 연구한 결과에 따르면, 부부 사이에 발생하는 모든 갈등의 70퍼센트는 평생 해결되지 않는, 즉 '영원히 지속되는' 문제라고 한다. 이런 문제들은 배우자가 나름대로 독특한 심리를 가지고 있고 나와는 다른 사회화 과정을 거쳤기에 발생한 것이므로 아무리 격렬하게 싸우더라도 결코 사라지지 않는다는 것이다. 그렇지만 두 사람 사이의 갈등을 알고 인정하는 부부는 그런 갈등과 함께 사는 방법을 터득할 수 있다. 마치 늘 허리 통증이 있거나 위가 예민하게 반응할 때처럼 말이다. 두 사람 사이에 영원히 지속되는 문제들을 인지하지 않고 방치하면, 그것은 마치 서서히 효과가 나타나는 독처럼 두 사람에게 해를 끼친다.

실천하기 3

해결 가능한 문제와 그렇지 않은 문제를 구분한다

배우자와의 관계에서 해결하고 싶은 문제점을 아내와 남편의 입장에서 각각 7가지를 써본다. 문제가 사소하든 심각하든, 시급하든 만성적이든 상관없다. 그리고 그 문제들을 해결할 수 있는지 함께 고민해본다. 해결할 수 있는 것은 대부분 구체적인 문제고("내일 손님을 마중하러 함께 나갈 수 없을 거야. 모레 아침에 중요한 약속이 있거든."), 성격이나 인생의 계획("내가 당신처럼 계속해서 능력을 인정받을 필요는 없잖아. 나에게 그런 건 별로 중요한 게 아니거든.") 같은 문제는 아닐 것이다. 영원히 지속되는 문제들이란 주로 상대의 인격, 두려움 또는 꿈과 관련이 있다. 두 사람이 이 주제로 자주 얘기를 나누더라도 결론은커녕 늘 제자리로 돌아올 것이다. 또한 상대가 해결되지 않는 동일한 문제를 계속 끄집어낸다면 당신은 그를 멀리하고 불편하게 여길 것이 분명하다.

영원히 해결되지 않는 문제들의 근본적인 원인을 살펴본다

흔히 이런 문제들은 피상적인 일에서 나타난다. 이를테면 콜라와 피자를 좋아하는 남편을 못마땅하게 여기는 아내가 있다면, 그녀는 어쩌면 남편이 좀 더 섬세하고 교양 있는 사람이 되기를 원하는지도 모른다. 남편은 아내의 말을 듣지 않으려고 하는데, 그는 불편하지만 다림질한 옷을 입고 멋을 내며 직장에 다니는 것으로 충분히 교양 있게 살고 있다고 생각하기 때문이다. 그러니 적어도 사생활에서만큼은 자신이 원하는 것을 하고 싶은 것이다.

관계를 극복하기 위해 충분히 노력한다

사랑은 두 사람을 함께 묶어준다. 그러나 하나가 되는 일은 두 사람이 알아서 해야 한다. 그래서 존 가트맨은 다음과 같이 충고한다.

1. **영원히 해결되지 않는 문제가 무엇인지 알아낸다** 이를테면 부부의 생활패턴이 서로 전혀 다를 수 있다.
2. **꿈꾸는 관계의 모습을 얘기한다** 남자는 다투지 않는 단순한 관계를 기대하지만 여자는 부드럽고 신뢰할 수 있는 관계를 꿈꿀 수 있다.
3. **적어도 이것만은 해달라고 요구한다** 가령 물이나 맥주를 마실 때 병에 입을 대고 마시는 것만은 싫다고 말한다. 또는 옷차림을 지나치게 비판하는 것은 너무 싫다고 말한다.
4. **자신이 어떤 부분에서 유연하게 행동할 수 있는지 생각해본다** 예를 들어 남자는 길거리에서 이것저것 사 먹는 것을 좋아하지만 여자는 길거리 음식을 싫어할 수 있다.
5. **한시적인 타협점을 정한다** 두 사람 모두에게 기회를 줘서 한 번은 여자가 원하는 대로 교양 있는 미식가처럼 레스토랑에 들어가 음식을 먹고, 다음번에는 남자가 즐기는 길거리의 값싼 음식을 먹으면서 상대방이 어떤 걸 원하는지 공유하는 시간을 갖는다.
6. **지속적인 갈등을 받아들인다** 당신은 일상을 늘 특별하게 보내고 싶더라도 남편은 항상 편안하게 살기를 원한다면 그대로 내버려 둔다.

문제를 위협이 아닌, 부부 관계를 풍요롭게 해주는 요소로 생각한다

부부가 서로 다른 세계관과 현실 감각을 가지고 있어 다투더라도, 사실 그리 심각한 단점은 아니다. 오히려 상대의 실제 모습을 인정하면 자신의 삶이 상대의 세계만큼 확장되는 것을 경험할 수 있을 것이다. 상대의 눈으로 세상을 보는 것도 상당히 매력적인 일이다.

'우리'라는 말의 힘

사랑이란 '온전히 상대방을 위해 존재하는 것'이라고 이상주의자들은 말한다. 하지만 실용주의자들은 사랑이란 '자신을 위해서도 존재하는 것'이라고 믿는다. 오늘을 살고 있는 대부분의 사람들은 아마 후자에 속할 것이다. 물론 우리도 죽음이 두 사람을 갈라놓을 때까지 지속되는 사랑, 신뢰와 해피엔딩을 꿈꾼다. 하지만 자신의 관심과 욕구를 뒷전으로 밀쳐내면서까지 그렇게 하고 싶지는 않다.

우리는 부모 세대보다 늦게 결혼한다. 게다가 자동차와 집을 소유하기도 했고, 업계에서 이름이 알려질 만큼 일을 잘하거나, 혼자서도 똑똑하고 머리가 뛰어나기도 하다. 우리는 마지막 것, 즉 혼자서도 똑똑하고 뛰어난 머리를 남에게 쉽게 빼앗기려 하지 않는다. 비록 배우자와 같은 통장에 예금하고 아이 낳는 것을 꿈꾸는 날이 오더라도 말이다.

우리의 자아는 우리의 사랑처럼 강력하다.

물론 우리는 누군가를 사귀면 각자 책임을 맡기를 기대한다. 나는 나에 대한, 너는 너에 대한 책임을 지는 것이다. "친밀한 관계, 성생활, 사랑의 영역에서도 이성적이려 하는 경향이 많다"라고 밤베르크의 사회학자 토마스 뮐러 슈나이더Thomas Müller-Schneider는 말하고 있다. 바꿔 말하면, 상대가 나의 행복에 대한 기대감을 충족시켜주고 나를 필요 이상으로 방해하지 않는다면 그 사람과 함께 늙을 수 있다고 예상한다는 것이다.

의문의 여지가 없다. 부부 사이에서 서로의 독자성을 인정해주는 것은 매우 옳고도 이성적이다. 남녀 사이에 긴장과 충돌이 없으면 관계가 미적지근할지도 모른다는 이유 때문에라도 말이다. 하지만 '나'와 '너'에 대해 많은 의미를 부여할수록 '우리'에 쓸 에너지는 부족해진다. 배우자와 한평생 같이 살고자 한다면 다음과 같은 사항을 결정해야 할 것이다. '나는 결혼생활에서 스스로 주인이 되고자 하는가, 아니면 한 사람의 남편 또는 아내가 되는 것이 우선인가?' '나는 계속해서 내가 원하는 것만 하고자 하는가, 아니면 부부가 함께 공동의 일을 하고자 하는가?' '배우자와 단지 침대와 집만 함께 나누려는 것인가, 아니면 부부의 성공과 문제까지도 나누려고 하는가?'

다음의 내용을 읽어보면 '나 또는 너'로 구분 짓는 것을 넘어 '우리'가 되는 것에 도움이 될 것이다.

실천하기 4

두 사람만의 문화를 만든다

각자 자신의 습관대로 사는 것이 아니라 두 사람이 함께하는 문화를 만들어본다. 예를 들어 다른 사람들이 그건 아니라며 고개를 절레절레 흔들더라도 연한 커피를 함께 마신다거나, 휴가를 갈 때면 늘 같은 휴게소에서 휴식을 취한다거나, 샤워하거나 출근할 때 두 사람이 함께 좋아하는 특정 노래를 부른다. 인사를 할 때 코에 입맞춤을 할 수도 있고, 함께 휴가를 보낸 장소에서 구입한 찻잔에 차를 마시는 것도 좋다. 늘 같이하는 공동의 의식, 상징, 이야기들은 신뢰라는 두꺼운 고치를 엮어낸다. 이런 것들은 단순한 습관 그 이상이며, 마치 미국인들에게 추수감사절과 같은 의미를 지니게 된다. 그러므로 두 사람만의 특별한 사랑의 의식을 여러 가지 만들어보길 바란다.

물론 부부만이 치르는 의식에서도 타이밍이 중요하다. 당신이나 배우자가 흥미 없이 습관적으로 의식을 치러서는 안 된다는 말이다. 두 사람의 관계가 황량하게 되어버린 것을 알아차리고 이를 적절한 때에 좀 더 아름답고 적합한 관계로 대체하려 할 때만이 이런 의식이 두 사람의 관계를 강화해준다.

두 사람의 관계를 우선시한다

배우자를 직장이나 아이들, 부모 형제, 친한 친구들보다 더 소중하게 생각해야 한다. 아이들, 부모 형제, 친구들은 사장이나 고객, 동료들과 마찬가지로 당신에게 특정한 태도를 기대한다. 그런데 그런 기대들이 배우자가 당신에게 기대하는 것과 충돌하는 경우가 많다. 아이들은 더 많은 애정을 요구하고, 부모 형제들도 가족끼리의 일체감을 기대하며, 직장에서는 당신이 언제 어떤 프로젝트에라도 참여할 준비를 하고 있기를 바란다. 아이들, 부모 형제, 고용주에게 우리 일에 개입할 권리가 있다 할지라도 배우자에 대한 성실함을 가장 먼저 고려해야 한다. 상대방에게 성실하고 정숙함을 지킨다는 것은 성적인 측면만을 두고 하는 말이 아니다.

당신의 세계들을 서로 맞물리게 한다

미국의 여성 사회학자 페퍼 슈워츠Pepper Schwartz의 연구에 따르면 가장 행복하게 사는 부부는 '피어 커플Peer-Couples'이라고 한다. '피어 커플'이란 두 사람의 사회적 지위나 역할이 비슷한 커플을 말한다. 흔히 부부가 동시에 돈을 잘 벌고 있다거나, 또는 그중 한 사람이 돈을 적게 벌더라도 대신 존경받는 직업에 종사하고 있는 경우를 말한다. 이들은 전형적으로 두 개의 세계로 구분하지 않는다. 즉, 남자는 직업적인 성공에 매달리고 여자는 육아와 집안일을 전담하는 방식으로 살지 않는다. 두 사람이 가정의 돈 문제, 감정 문제, 그리고 실제로 해결해야 할 과제들에 관심을 갖고 함께 해결한다는 것이다. 두 사람이 반드시 반반씩 나누지는 않겠지만 60 대 40쯤은 될 것이다. 아니면 최소한 70 대 30은 될 것이다. 사회적 지위나 역할이 비슷한 부부는 경직된 남녀 역할을 받아들이는 부부들에 비해서 훨씬 더 서로를 지원하고 충고하며 신뢰하는 까닭이다.

배우자와 함께한다

만일 도시로 이사를 간다거나 아이의 생일 파티, 책임이 더 무거워지는 새 직장, 대학원 공부, 상속 문제, 중년의 문제, 중병 등의 일과 맞닥뜨리면 균형 잡혀 있던 두 사람의 관계가 쉽게 흔들릴 수 있다. 특히 새로운 것을 두려워하고 익숙하고 편안한 상태에 계속 머물러있고 싶어 한다면 더욱 그렇다. 이런 상태에 처하면 두 사람은 변화를 주려는 이유를 이야기하고 변화에 대한 두려움을 공유할 수 있도록 모든 노력을 다 해야 한다. 변화한 일상에서 상대를 지지하고 격려해주는 태도야말로 어떤 대화보다 더 도움이 될 수 있다. 당신을 불안하게 만드는 일들을 무관심하게 넘겨서는 안 된다. 또한 그런 일을 적대적으로 반대하고 나서서도 안 된다. 배우자에게 가능하면 사랑스럽게 행동하고 변화한 상황에 익숙해지도록 함께 노력해야 한다. 생명력이 있는 관계란 변화를 함께 극복함으로써 계속 유지되는 법이다.

'깊이 사랑하기'가 의미하는 것

이번 장을 읽고 어떤 내용을 당신의 삶에 적용하고 싶은가? 다시 사랑으로 상대를 대하고, 스트레스를 줄이고, '우리'라는 유대감을 강화하기 위해 무엇을 할 것인가? 당신의 결혼생활이 완벽하지는 않더라도 함께 잘 살아갈 수 있는 측면은 무엇인지 생각해본다. 부부 관계 포트폴리오에서 앞으로 어떤 면에 더 신경을 쓰고 싶은가?

9장

누구와 관계 맺고 있는가

: 아홉 번째 유연함의 태도 :

내 곁에 좋은 사람들 두기

인간관계를 지속하는 데에는 그만한 시간과 에너지가 소모되기에 적당한 친밀감과 거리감 사이를 왔다 갔다 할 줄 알아야 한다. 어떤 관계에 지금보다 더 많이 투자하고, 또 어떤 관계를 끊어낼 것인가? 당신 곁에 좋은 사람들을 남기는 태도는 인간관계에 깊이를 더하고 우리가 공허함 속에 빠져들지 않도록 붙잡아준다.

●

우리는 자신만을 위해 살 수 없다.
천 개의 가닥으로 다른 사람들과 연결되어 있기 때문이다.

허먼 멜빌Herman Melville

●

　개개인이 개별적으로 동떨어져 있다고 생각하던 시대는 지
났고, 이제 '싱글 사회'가 도래했다. 개개인의 독립성보다 다른
싱글들과의 관계가 중요해진 것이다. 그런데 알고 보면 사람들
은 우리가 생각하는 것보다 훨씬 밀접하게 서로 엮여 있다. 한
이론에 따르면, 지구상에 살고 있는 임의의 두 사람은 전혀 모
르는 사이라 할지라도 아는 사람 6명을 거치면 연결되는 사이
라고 한다.

세계는 작다. 세계 일주를 하는 여행자와 직장을 따라 세계 곳곳을 누비는 잡 노마드Job nomad(노마드란 '유목민'을 뜻하며, '잡 노마드'는 일자리를 따라 유목민처럼 떠돌아다니는 사람들을 말한다 - 옮긴이 주)들조차 가정의 따스함을 찾기 마련이니 세계가 작다는 건 얼마나 다행인가. 자신의 문제에 혼자서 맞서지 않아도 된다는 것을 알게 되면 얼마나 마음이 편안해지겠는가? 남자들이 입대해 훈련을 마치고 배치된 부대가 고향 근처라면 그보다 더 마음 놓이는 일이 어디 있겠는가? 남쪽으로 차를 몰고 여행을 갔는데 그곳 호텔의 프런트 직원이 이렇게 묻는다면? "차 번호판을 보니 파사우시에서 오신 것 같은데, 저 차 혹시 손님 차인가요? 정말이세요? 세상에, 같은 고향 출신이네요. 이렇게 반가울 수가! 저는 마이어라고 합니다."

인간관계는 두 가지 양면성이 있다. 그중 한 가지는 인간관계는 우리를 고무시켜준다는 점이다. 우리가 아는 사람들은 우리의 자존감을 높여주고 활동 범위를 넓혀주며 기분을 한결 좋게 해준다. 다른 한 가지는 인간관계는 우리에게 스트레스를 주기도 한다는 점이다. 사람들과 관계를 유지하기 위해 에너지를 소비해야 하고 소화기 장애를 앓아야 할 때마저 있다.

어쨌거나 삶에 있어서 만족도와 건강은 우리가 관계를 맺고

인간관계 포트폴리오 작성하기

당신에게는 친구나 지인이 몇 명이나 있는가? 어떤 사람이 당신에게 힘이 되고 자극을 주는가? 또 어떤 사람이 당신을 형편없이 부려 먹고 이용하며, 계속해서 인정해달라고 요구하고, 당신의 기분을 엉망으로 만드는가? 당신은 지금보다 더 많은 관계를 만들고 싶은가? 좀 더 깊은 우정을 원하는가? 아니면 혼자 있는 시간을 더 많이 원하는가? 당신의 삶을 더욱 풍요롭게 하거나 부담을 주는 사람들이 누구인지 생각해본 뒤 포트폴리오에 기입하라. 구체적으로 떠올리려면 휴대폰의 주소록을 한번 확인해보는 것도 좋다.

포트폴리오는 다음과 같은 방식으로 작성한다.

부모, 형제:	아는 사람:
친척:	직업적 관계(동료, 직원 등):
친구:	클럽, 커뮤니티, 동아리:

당신의 인간관계 포트폴리오에 어느 정도 만족하는가? 목록에 너무 많은 사람들이 있는가, 아니면 별로 많지 않은가? 대체로 긍정적인 관계인가? 포트폴리오에서 어떤 관계를 끊어내고 싶은가? 또 어떤 인간관계를 지금보다 더 깊은 관계로 만들고 싶은가?

있는 사람들, 특히 가까이 지내는 사람들에게 달려있다. 피상적인 만남조차 우리의 기분에 영향을 준다. 슈퍼마켓 계산대에서 밝은 미소로 일하는 직원, 횡단보도 앞에서 옆 사람을 기분 나쁘게 훔쳐보는 사람, 불친절하게 대하는 간호사 등 누군가와 짧은 만남이 당신의 오늘 기분을 결정하기도 한다. 이번 장에서는 좋은 관계는 더욱 탄탄하게 하고, 나쁜 관계는 멀리하는 태도를 알게 될 것이다.

외향형 인간과 내향형 인간

우리 모두에게는 성향이라는 것이 있다. 사람들이 많이 있는 모임에서 주목받기를 원하는지 아니면 그보다는 소규모 모임을 편안하게 느끼는지, 야외 콘서트를 좋아하는지 아니면 실내악을 좋아하는지, 넓은 사무실에서 일하는 것을 좋아하는지 아니면 작은 사무실에서 문을 꼭 닫고 일하는 것을 더 편하게 느끼는지는 대부분 개인의 성향에 따라 다르다.

심리학에서는 다른 사람과 만나는 것을 좋아하는지 혼자 있는 것을 더 좋아하는지 기준에 따라 사람의 성향을 외향성과 내향성으로 구분한다. 조직과 네트워크 문화가 발달한 현대 사회는 사실 내향성보다 외향성을 더 요구하지만 각각의 성향은 장단점이 모두 존재한다. 관련 연구에 따르면, 많은 사람과 교제하는 것을 좋아하는 외향적인 사람은 내향적인 사람보다 훨씬 건강하고 균형 있고 걱정 없이 산다고 한다. 반면 주로 자신만의 삶을 사는 내향적인 사람은 한 가지 일 또는 한 사람에게 집중하므로, 분주히 살아가는 외향적인 사람에 비해 자신의 재능을 충분히 발전시키고 인간관계에서도 깊이를 갖게 된다.

타고난 성향을 받아들인다

물론 다른 사람들을 좀 더 편하게 만나거나 너무 자주 만나지 않으려고 노력할 수는 있다. 하지만 당신이 타고난 성향 자체에 큰 불만이 없다면 굳이 그렇게까지 할 필요는 없다. 우리는 어떤 식으로든 사랑스럽고 멋지고 행복하게 살 수 있다. 외향적인 사람은 분위기를 즐겁게 만들고 기꺼이 다른 손님들을 초대하면 될 것이고, 내향적인 사람은 상대가 결혼이나 연애 문제로 고민을 털어놓을 때 귀 기울여 들어주면 될 것이다. 사람 만나는 걸 좋아하는 사람은 마케팅 부서의 판매 전문가가 되면 될 것이고, 혼자 있는 시간을 즐기는 사람은 학자로서 실험실에서 많은 시간을 보내면 될 것이다. 즐거운 낙관주의자인 아버지는 아이들과 축구도 하며 집안을 웃음으로 가득 차게 해주고, 조용하게 생각하는 것을 좋아하는 어머니는 아이들에게 책을 읽어주고 따뜻하게 안아준다면 좋을 것이다.

당신이 어떤 성향을 갖고 있는지 우선 발견해야 한다. 그리고 당신이 약점이라고 생각하는 것 때문에 괴로워하지 말고 장점이라 여기는 것을 더욱 활용하라.

두 세계를 왔다 갔다 한다

두 가지 성향을 모두 가지고 있다면 더없이 좋을 것이다. 온전히 자신에게 집중할 줄도 알고 낯선 사람들과도 잘 어울리는 경우 말이다. 동료들과 즐겁게 술을 마시고 집으로 돌아와 신제품의 디자인 개발을 위해 혼자 컴퓨터 앞에 앉아 생각에 잠기는 것이다. 또는 금요일 밤에는 친구들과 함께 춤추러 클럽에 가고 일요일 오전에는 혼자 산행을 한다. 외부 세계와 차단한 채 책을 쓰고 그 책이 출판되면 텔레비전에 나와 소개해도 좋다. 대부분의 사람들은 분명하게 한 가지 타입을 선호하는 경향이 있다. 하지만 창의적인 사람은 내향성과 외향성을 잘 조합하여 혼자 있는 시간과 사회성을 발휘하는 시간을 알고 번갈아 가면서 선택한다.

자신의 성향을 뛰어넘는다

자신의 성향을 뛰어넘는 일은 때로 시야를 넓혀주고 자신감을 강화한다. 만일 당신이 혼자서 책상 앞에 앉아 일하는 것을 가장 좋아한다면 1년에 두 번 정도는 사람들이 북적대는 세미나에 참석하도록 하라. 당신의 일상이 그리 시끄럽게 흘러가지 않는다면 이틀 동안 가족과 함께 캠핑을 하거나, 독서도 하고 음악을 들어보는 것도 좋다. 물론 이를 위해 굳이 당신의 성향을 바꿀 필요는 없다. 단지 그렇게 하면 어떤 느낌인지, 익숙한 시각이 아니라 다른 사람의 시각으로 세상을 바라보는 경험이 필요하다.

인간관계의 망은 어떻게 만들어지는가

외향적이든 내향적이든, 누구나 할 것 없이 다른 사람들과 친밀한 관계를 유지하지 않으면 잘 살 수 없다. 사랑, 애정, 용기, 비판, 구체적 충고, 테니스나 스쿼시를 함께 칠 파트너, 좋은 치과 의사, 신속한 해결책, 인정 있는 사람들 가운데 우리에게 무엇이 필요하든 친밀한 인간관계를 유지하는 사람은 힘들 때도 있지만 결코 공허함 속에 빠지지 않는다.

인간관계의 망을 구축하는 일은 직업적으로 성공하는 것만큼이나 우리의 삶을 행복하게 만들어준다.

꼭 우리가 완벽해야만 좋은 관계가 만들어지는 것은 아니다. 오히려 정반대다. 나무랄 데 없이 예의 바른 사람, 또는 두 달 전부터 계획을 세워 10명이나 되는 사람을 정식으로 초대하는 사람은 타인과 가까워지기 힘들다. 지나치게 완벽하면 인간적인 면이 눈에 띄지 않게 되어, 사람들은 그런 모습을 화려하지만 냉정하게 받아들이고 거리감과 소외감마저 느낀다. 손님은 대개 식탁보에 레드 와인 자국이 있고 식기가 마구 섞여 있을 때 오히려 더 편안하게 느낄 수 있다.

수잔네와 니크는 둘 다 50대 초반으로, 어떻게 하면 사람들과 친해질 수 있는지를 배우게 되었다. 두 사람은 관심사도 다양할뿐더러 민첩하고 언변도 좋으며 박식하다. 이들은 갖가지 모임에 참여하는데 산행 모임, 탱고 동아리, 볼링 클럽에도 다닌다. 니크는 한 시민 유권자 단체에서 일하고 수잔네는 교회에서 일하고 있다. 이런 활동 덕분에 두 사람이 지속적으로 접촉하는 사람은 수없이 많다. 그래서 이들은 생일이면 메일을 써 보내고, 번갈아 가며 사람들을 초대해 식사하고, 책을 교환하기도 한다. 수잔네는 서로 오랫동안 만나지 못했어도 두 달 전 라이카와 나눈 대화를 기억하고 있으며, 니크는 집에 와인을 배달해주는 공급자의 주소를 알고 있다. 수잔네와 니크는 그다지 비용을 많이 들이지도 않는다. 하지만 그들은 서로 왕래하는 사람들을 위해서 기꺼이 시간을 내어 흥미롭고 좋은 만남을 즐긴다.

사이좋게 지내는 친구가 많으면 일이 수월하다. 그들과 사귀고 계속 좋은 관계를 유지하는 것은 마법을 부려서 할 수 있는 일이 아니다. 좀 더 많은 사람들과 만나고 관계가 더욱 가까워지기를 원한다면 다음의 내용을 주의 깊게 따르면 좋다.

스몰 토크small talk를 한다

이제는 스몰 토크를 아는 사람이 많아졌다. 이것은 사소한 대화를 이용
하는 것이다. 사람들 사이를 연결해주는 수단인 스몰 토크는 문을 열어
주고 다리를 놓아주며 유대감을 촉진한다. 스몰 토크를 할 때 "그런데 말
이죠, 주인집 아저씨와는 어떻게 알게 되었어요?"와 같이 대화에 끼어드
는 말 외에 가장 중요한 요소는 분위기를 잘 파악하고 주의를 기울이는
것이다. 또 "제가 규칙적으로 달리기를 하면서부터……"처럼 자신에 대
해서 그리고 다른 어떤 분야에 대해서 정보를 전해주는 것이다. 사실 심
리적인 부담감이 사라지면 스몰 토크를 할 때 어떤 주제라도 꺼낼 수 있
다. 호주산 레드 와인에서부터 요가 동작에 이르기까지 모든 것이 얘깃
거리가 된다. 서로 유대감을 느끼고 있는 사이라면 말이다.

먼저 다가간다

금방 알게 된 사람과 지속적으로 만남을 이어가고 싶다면 이런 태도를
지녀야 한다. 물론 상대가 먼저 첫 단계를 시도할 때까지 기다릴 수 있
다. 이렇게 하면 아무것도 잃을 게 없을 것이다. 하지만 만약 상대가 당
신과 똑같이 생각한다면 관계는 더 이상 진전이 없고 멈추고 말 것이다.
반면 작은 위험을 감수한 채 당신이 먼저 시작할 수 있다. 가령 상대에게
커피를 같이 마시자고 제안한다거나, 제품 소개를 멋지게 한 직원에게
축하를 해준다거나, 이사를 했다면 이웃집에 직접 구운 과자를 가져다
주는 건 어떨까?

그러나 너무 가깝게 다가가지 않는다

친절함과 관심을 표현하기 위해서는 아주 간단한 몸짓으로도 충분하다. 세미나에 늦게 참석한 직원에게 슬그머니 커피 한 잔을 건네주거나, 충고해준 사람에게 고맙다는 이메일을 보낸다거나, 시내에 있는 어느 향수 가게에서 이번 토요일부터 10퍼센트 할인 행사를 한다는 소식을 귀띔해주는 것이다. 이와는 달리 친하지 않은 사람에게 너무 친절하게 행동하는 것은 좋지 않다. 이를테면 직장 동료가 최근에 당신 집 근처로 이사를 왔을 경우 대형 할인매장의 위치를 알려주는 것은 친절한 행동에 속한다. 그러나 할인매장에서 일하는 직원들 가운데 당신이 제일 좋아하는 직원이 있다는 말, 가령 "그곳에 가면 레기나라는 직원이 있는데 제 안부 꼭 전해주세요. 아마 할인하는 물건들을 잘 소개해줄 겁니다"와 같은 말을 한다면 직장 동료에게 부담을 주게 된다.

세심한 주의를 기울인다

주변에 있는 사람들의 기호를 잘 알아두어야 한다. 누가 어떤 책, 어떤 음식, 어떤 영화를 좋아하며 어떤 것을 싫어하는지 말이다. 다른 사람에게 일어난 중요한 사건들도 기억해둔다. 또한 어떤 사람은 영국식 정원에 열광한다거나, 회사 비서가 최근에 스페인어를 배우고 있고, 사장은 커피에 설탕과 크림을 넣어 마신다는 것 정도는 알아두면 좋다. 이런 정보를 알고 있다면 그다지 어려움 없이 대화에 끼어들 수 있다.

집으로 초대한다

누군가와 가까워질 수 있는 가장 좋은 방법은 집으로 초대하는 것이다. 우리 집 문을 열어주는 것은 손님에게 식사를 대접하고 대화를 나누겠다는 것 이상을 의미한다. 그 사람과 더욱 가까운 관계를 맺기 위해서 초대하는 것이다. 당신은 손님에게 신뢰를 선물한다. 당신이 어떻게 살고 있는지를 보여준다. 어떻게 집을 꾸며놓고 살고 어떤 책을 읽고 있으며 금수저 따위는 집 안에 없다는 것을 보여준다. "커피숍은 훌륭한 발명이다. 우정을 쌓기 위해서 이보다 더 좋은 장소는 없다"라고 프랑스 시인 쉴리 프뤼돔Sully Prudhomme은 말했다. "누군가를 초대한다는 것은 그에게 자신의 호감을 증명하는 일이다."

마음을 연다

관계의 망을 좀 더 촘촘히 하고 싶다면 스몰 토크를 넘어 서로의 진심을 이야기하는 단계로 넘어가야 한다. 책과 영화에 관한 이야기 역시 두 사람 사이를 연결해주기는 하지만, 그런 주제뿐만 아니라 당신의 가치관과 미래의 비전에 대해서도 이야기를 나누는 것이다. 사랑과 삶에 대해서, 이혼과 전쟁에 대해서도 마찬가지다. 질병과 죽음에 대해서도 이야기를 나눠야 한다. 우정이란 좋아하는 배우나 당신을 치료해주는 피부과 의사에 대한 주제뿐 아니라 그 이상으로 당신 자신에 대해 많은 것을 이야기해야 생겨날 수 있다. 우정이 생기려면 우리가 가진 정보를 알려주는 것은 물론 상대를 충분히 인정해줘야 하고, 때로는 서로를 위해서 존재하기도 해야 한다. 웃음과 눈물도 나누고 귀를 기울여 들어주고 위로해주며 흐느껴 울 수도 있고 다시 이성을 찾을 수 있어야 우정이 생겨난다.

'당연한' 관계는 없다

직업적으로 스트레스를 심하게 받고 있거나 중요한 시험을 앞두고 있거나 최근에 셋째 아이를 낳았다면, 이런 사람은 자신이 위기에 처해있다고 생각한다. 이런 경우 주변 사람들에게 신경을 쓰지 않더라도 한동안은 별다른 문제가 되지 않는다. 믿음이 있는 관계는 그런 시기를 잘 참아낼 수 있다. 하지만 다른 사람에게 고통을 주면서까지 자신을 이해해주기를 강요해서는 안 된다. 예를 들어 가장 친한 친구가 몇 번씩이나 전화했는데, 그때마다 "어머 어째? 나 지금 아이 기저귀를 갈아주고 있는 중이거든. 내일 오전에 다시 전화할게!"라며 번번이 시간이 없다는 이유로 전화를 너무 빨리 끊어버리는 습관은 그다지 좋지 않다. 이미 이번 주에 세 번이나 거절한 동료들에게 "서류를 좀 훑어봐야 하거든요. 그래서 간단하게 그냥 사무실에서 해결하려고요"라며 또다시 점심을 같이 먹지 못하겠다고 대답하려면 그만큼 심사숙고해야 한다.

우리는 새로 사람을 사귀고 직업상 사람들과 접촉하는 일이 몹시 힘들다는 것을 잘 알고 있다. 그런가 하면 이미 친숙한 관계를 당연한 것으로 받아들이려는 경향도 있다. "안드레아는 그 문제를 이해할 거야” 또는 “직원들이야 박람회를 앞두고 이곳이 얼마나 바쁜지 가장 잘 알고 있지”라고 생각하면서 말이다. 친구나 좋은 동료들을 한 번쯤 소홀히 하고 내버려 두고 있더라도 이는 우리가 그들을 신뢰한다는 증거라고 생각한다. 그러나 사회적으로나 경제적으로 힘든 시기에는 공동체라는 게 지극히 중요해서 이런 사고방식이 잘 작동되었지만, 오늘날에는 어떤 인간관계든 각자의 자유 의지에 달려있을 뿐이다.

관계를 계속 유지할지 여부에 따라 관계의 질이 결정된다.

지인 또는 친구들 간 우정의 관계는 쌍방에서 ‘무언가’를 줄 수 있을 때에만 유지된다. 그 무언가란 존중 또는 칭찬, 실질적인 도움, 감정상의 지지, 재미, 개인적인 성장, 지위, 소속감과 그 소속감으로 생기는 유대감 등이 될 수 있다. 그러므로 양쪽이 그와 같은 것을 주고받지 못하면 관계는 지속되지 못한다. 예를 들면 안드레아는 하루 종일 아이와 함께 지내기 때문에 친구를 만날 시간이 없는 것이 아니라, 아이는 순전히 친구를 회피할 핑계였다는 사실을 언젠가 알게 되는 날이 온다. 또는 직장 동료들이 당신에게 더 이상 점심 식사하러 같이 가자는 말을 하지 않는 날이 온다. 좋은 사이로 지낼 수 있는 사람은 직업적인 성공만큼이나 흔치 않다. 그런 관계를 유지하려면 시간은 물론 마음도 써야 하니 말이다. 성공, 재산, 좋은 친구처럼 우리가 너무 적게 가지고 있거나 아니면 너무 적게 가지고 있다고 믿는 것들은 모두 그렇다.

인간관계에 얼마만큼 에너지를 쓰고 있는가

안네테는 자신의 따귀라도 한 방 갈기고 싶었다. 다음 주, 정확하게 휴가가 시작되는 첫날부터 오빠 가족을 뮌헨 공항까지 자동차로 태워다주기로 했으니 말이다. 뮌헨 공항까지는 족히 2시간은 걸린다. 여름휴가를 받은 첫날부터 새벽 4시 반에 공항으로 출발해야 하는 것이다. 남편 악셀에게 운전을 부탁해도 되었지만 그에게 부탁하기는 힘들다고 생각했다. 그래서 결국 자기가 가기로 한 것이다.

물론 그 일을 안네테가 꼭 해야 하는 건 아니다. 하지만 가정의 평화를 위해서 그렇게 하기로 했다. 어차피 악셀은 아내의 말을 고분고분 듣는 사람이 아니고, 올케언니가 최근에 안네테의 집에 와서 거실 커튼을 만들어주겠다고도 했기 때문이다. 안네테는 재봉사에게 커튼을 맡기고 싶었지만 올케언니의 마음 씀씀이를 거절해서는 안 될 것 같았다.

좋은 관계를 계속 유지하려면 시간과 에너지가 소모된다. 다른 사람들은 노력해서 터득할 수 있는 것을 안네테는 이미 타고났다. 그녀에게 인간관계는 중요했고, 많은 친구들과 지인들과 함께하는 것을 즐기고 있다. 하지만 자신이 감당하기 힘들 정도로 많은 시간과 에너지를 다른 사람들에게 투자하고 있다는 것도 알고 있다. 공포, 의무감, 죄책감이 마치 안개처럼 안네테를 방해하는 것이다. 자신이 사랑하고 또 자신에게 중요한 사람들의 기대와 소망, 요구들을 거절하지 못하도록 말이다. 이 때문에 희생하는 것은 정작 안네테 자신으로, 그녀는 취미 생활도 즐길 수 없고 직업상의 계획도 제대로 진행시키지 못한다. 그리고 자존심 역시 고문을 당하고 있다. 자신이 마치 다른 사람들이 가지고 노는 공처럼 여겨지니 말이다.

친밀감과 거리감, 애정과 건강한 개인주의 사이의 균형이 잘 잡혀야만 행복한 관계가 만들어진다. 인간관계에서 지나치게 에너지를 많이 소모하는 사람은 다음 글을 읽으면 도움이 될 것이다.

당신이 원하는 것을 한다

모든 사람은 남에게 인정받기를 바라며 사랑과 소속감을 원한다. 특히 인간관계를 중요하게 생각하는 사람들일수록 그런 욕구가 매우 강하다. 그들은 본능적으로 인간관계란 공동의 목표로 유지된다는 것을 알고 있다. 그렇기 때문에 어디에서든 누군가의 강한 의견을 따르는 경향이 있다. 하지만 자신이 무엇을 좋아하는지 그리고 무엇을 믿는지를 분명하게 표현해야 한다. 지금보다 더욱 자주 말이다. 스스로 판단을 내리고 당신의 의견을 금방 단념하지 않도록 하라. 당신을 진정으로 인정해주는 사람이라면 당신의 고집을 생각보다 훨씬 관대하게 받아들일 것이다. 시간이 지나면 당신도 다른 사람의 의견에서 자유로워지는 법을 배우게 된다.

솔직해진다

안네테는 남편 악셀에게 꼭두새벽부터 운전을 해서 자신을 공항까지 데려다 달라는 무리한 부탁을 결코 할 수 없다. 그녀는 악셀의 거절을 받아들일 용기가 부족해서 말도 꺼내지 못했다. "미안해, 그럴 수는 없지. 그 시간에 어떻게 일어나라고? 게다가 휴가 첫날인데 애들이랑 내가 편안하게 있어야 할 것 아냐." 이렇게 부부의 대화는 끝이 날 게 분명하다. 그러므로 솔직함에는 상대가 나의 기대와 다른 반응을 보이더라도 감수할 수 있는 용기가 필요하다.

모든 일을 떠맡지 않는다

직장에서든 일상생활에서든 동료의 생일 선물을 준비하기 위해 돈을 모으거나 모임의 운영비를 거두는 일은 대체로 같은 사람이 한다. 하지만 이런 일을 맡은 사람에게 칭찬하는 사람은 거의 없다. 만일 당신이 이처럼 무슨 일에든 나서는 사람이라면 앞으로는 다른 사람이 먼저 행동할 때까지 기다려보라. 잘못해서 동료가 생일 선물을 받지 못할 수도 있고, 모임 운영비가 부족해서 스테이크가 아니라 햄버거로 때워야 할 경우도 생길 수 있다. 하지만 그렇다고 세상이 멸망하지는 않는다.

다른 사람들이 "그런데 말이야, 지금 앞장서서 운영비를 거둘 사람이 필요하거든?"이라며 혹시 당신의 역할을 아쉬워한다면 기꺼이 그 역할을 맡아서 "그래? 그렇다면 이제부터 우리가 할 일이 뭐지?"라고 말하면 된다. 또는 다른 사람에게 해야 하는 일을 나눠주는 것도 좋다. 이를테면 "이 회사들에 전화를 걸어봐야 하거든. 어때, 요헨? 그 일을 맡아줄래?"라고 말이다.

친절하게 "아니!"라고 거절한다

우리는 상대가 기분 나쁘지 않게 거절하는 방법을 몰라 싫은 일도 모두 떠맡고는 한다. 다음과 같은 방법을 사용해보면 도움이 될 것이다.

> **방법1. "보통 때는 좋아하는 일이지만……"이라고 말하기:** "보통 때 같으면 물론 당장 하지. 그런데 휴가 첫날이라 아이들이랑 시간을 보내야 될 것 같아. 이해하리라 믿어."
>
> **방법2. 확답 주지 않기:** "글쎄, 확답을 할 수는 없어. 그날 아침 고객 상담이 있을 것 같거든. 그러니 나를 믿지는 마."
>
> **방법3. 부드럽게 거절하기:** "미안하지만 나는 하고 싶지 않아."

> **방법4. 싫은 표현하기:** "안 하고 싶어. 내가 밤눈이 어둡다는 거 너도 알잖아."

그리고 더 이상 말을 하지 않도록 한다. 충분한 설명 따위는 불필요하니까 말이다. 만일 상대가 당신의 거절을 수용하려 들지 않는다면 마지막 방법으로는 상대가 대답할 틈도 주지 않고 당신이 하고 싶은 말만 하는 전략이 있다. "널 믿어. 너도 나였다면 아마 나처럼 행동했을 거야, 그렇지? 그런데 어쨌거나 나는 해줄 수가 없어." 또는 "그래, 네 입장은 충분히 이해하지. 하지만 그래도 나는 해줄 수가 없어."

나를 힘들게 하는 관계에 대처하는 태도

브리타와 카탸는 5년 전 한 세미나에서 알게 되었다. 두 사람은 어느 날 저녁에 만나서 직장과 취미에 관해서뿐 아니라 브리타의 결혼생활에서 일어나는 문제들에 관해서도 재미있게 얘기를 나누었다. 물론 서로 주소도 적어두었고 또다시 만나기로 약속도 했다. 하지만 두 사람은 그날 이후 다시는 만나지 않았다. 그런데도 크리스마스 같은 연휴나 생일이면 축하 인사를 교환했고 다정한 건 아니지만 의례적인 인사는 나누었다. 하지만 브리타는 이렇게 말했다.

"나는 이런 식의 의무적인 관계가 정말 싫어요. 솔직히 나와 전혀 상관없는 사람들에게 안부 인사를 보내는 경우가 점점 늘어나고 있어요."

오스카는 같은 과 친구였던 팀을 청소년 고객 담당자로 앉히는 데 많은 노력을 기울였다. 그런데 시간이 지나자 오스카와 팀은 서로 의기투합하지 못했다. 오스카는 아랑곳하지 않고 팀은 그저 자신의 생각만을 밀고 나갔던 것이다. "네가 그런 식으로 계속 돌아다니기만 하면 네 컴퓨터는 구형이 되어서 버려야 할걸"이라며, 팀은 오스카가 놀기만 한다고 빈정대기까지 했다.

에바와 클라우디아는 거의 매일 놀이터에서 만났다. 에바는 아이들이 놀고 있을 때면 책을 읽거나 생각에 잠기는 것을 좋아했고 수다스러운 클라우디아는 유치원 선생님의 성격이 어떻다는 둥, 학부모 회의에서 어떤 일이 벌어졌다는 둥 끊임없이 에바를 방해했다. 그렇듯 정신없이 오후 시간을 보낸 뒤 집으로 돌아오면 에바는 온몸이 파김치가 된 듯 피곤했다.

사실 우리가 그런 사람들에게서 자유롭기는 무척 힘들다. 우리와 특별히 연관되는 게 없고 끝없이 우리를 실망시키고 우리의 신경을 건드리는 사람들 말이다. 하지만 상대에게 불친절하게 굴기 싫어서 계속 그 상태에 머물러있을 때가 많다. 그러고는 나중에 그렇게 행동한 스스로에게 화를 낸다. 그러면서도 "클라우디아, 화내지 말고 내 말 좀 들어봐. 나는 지금 책을 읽고 싶거든. 집에서는 책 읽을 시간이 거의 없어. 이해하리라 믿어"와 같은 분명하고 결정적인 말 한마디를 내뱉는 것을 두려워한다.

그럴 때 이렇게 해보는 것은 어떨까? 사실 당신이 싫어하는 사람에게 바치는 시간과 에너지는 당신이 좋아하는 사람에게 쏟을 시간과 에너지를 앗아가버린다. 그러므로 솔직하고도 용기 있게, 어떤 관계에 더 많이 투자하고 싶은지 생각해보기를 바란다.

실천하기 4

당신에게 중요한 사람이 누구인지 생각한다
당신이 가지고 있는 주소록이나 명함을 한번 훑어보라. 어떤 사람, 어떤 조직이 당신에게 중요한가? 이제 당신에게 아무런 의미도 없는 사람은 누구인가? 당신의 삶에서 어떤 역할도 하지 않는 사람들의 이름은 지우도록 한다. 목록을 두 개 작성하는데, 첫 번째 목록(목록 A)에는 편안하

게 느끼는 사람들의 이름을 적고, 두 번째 목록(목록 B)에는 너무 많은
시간과 에너지를 바쳐야 하는 사람들의 이름을 적는다.

친구와 그냥 아는 지인을 구분한다

목록 A가 아니라 B에 나열한 이름들에 동그라미를 그린다. 바로 이 사람
들에게 지금까지보다 시간을 덜 쓰거나 또는 미안한 일이지만 이들과 관
계를 끝내야 한다. 이런 말을 들으면 죄책감 때문에 거북하게 느낄지도
모른다. 그러나 당신에게 아무런 의미가 없는 사람들을 위해 시간을 바
치고 생각을 함으로써 에너지를 소모하는 것은, 바꿔 말하면 당신이 사
랑하고 좋아하고 인정하는 사람들에게 그만큼 시간을 적게 바치고 그들
을 덜 생각한다는 뜻이 된다. 따라서 이미 오래전부터 당신에게 아무런
의미가 없게 된 사람들과는 더 이상 관계를 이어 나가지 않는 게 좋다.
더 중요한 것은, 단순히 의미가 없는 것을 넘어서 당신의 삶을 힘들고 부
정적으로 만드는 사람들과는 연락을 삼가거나 완전히 끊는 게 더 낫다.
예를 들면 늘 속을 뒤집는 질문을 해대는 친구나 항상 비판적으로 생각
하는 동료, 몇 년 전부터 당신의 남편을 원수처럼 대하는 친구 등이다.

시간을 다시 분배한다

목록 A에 나열한 이름 밑에 줄을 긋는다. 바로 이 사람들에게 지금보다
더 많은 시간을 바쳐야 한다. 지금 당장 전화기를 들고 약속 장소를 잡는
것이 최선이다. 다음 달까지 당신의 삶을 풍요롭게 해주는 사람들을 위
해 시간을 늘리도록 한다. 대신 당신에게 별 의미가 없는 사람들이나 사
회적인 의무 때문에 하는 연락과 만남에 대해서는 시간을 줄여라.

맺고 끊음 확실히 하기

친구는 고를 수 있다. 하지만 가족, 동료, 이웃처럼 어쩔 수 없이 함께해야 하거나 평생 같이 살아야 하는 사람들은 그럴 수가 없다. 거의 모든 사람들의 인간관계 포트폴리오에는 별로 마음에 들지 않는 사람들이 포함되어 있다. 십 년 넘게 자신의 아들과 딸은 돈을 많이 번다고 읊어대는 시어머니, 유치한 농담을 큰 소리로 떠들어대는 동료, 늘 볼륨을 최대한 크게 틀어놓고 음악을 듣는 옆집 사람 등이다.

그런 사람들은 신경을 곤두서게 할 뿐만 아니라 우리의 행동에도 영향을 준다. 이웃 사람이 인사말을 건네자마자, 또는 유치한 농담을 늘어놓는 동료가 "혹시 최근에 가장 유행하는 농담 들어봤어?"라는 말을 하자마자 우리는 마음의 무장을 한다. 물론 우리의 태도가 변하는 것을 상대는 모를 수도 있다. 그러나 우리는 너무나 잘 알고 있다. 보통 때는 잘 행동하던 모습들이 한꺼번에 무너지는 것이다. 싫어하는 사람과 있으면 불편한 나머지 불친절하게 굴게 되고 상대에 대한 미움과 증오심을 억눌러야 한다. 편안하지도 않고 긴장을 하며 목이 조여 오는 느낌도 든다. 이렇듯 분노, 마음의 상처, 양심의 가책을 불러일으키는 사람들을 간단하게 정리했으면 하는 바람뿐이다. 아니면 그들에게 한 번쯤 우리의 생각을 말해볼 수도 있다. 그들과 관계를 끊을 각오를 하고서 말이다. 그러나 그렇게 하지 못한다. 우리는 너무 친절하고 또 영악하기 때문이다.

우리가 모든 사람을 고를 수는 없다. 그러나 어쩔 수 없이 만나는 사람들의 수는 조정할 수 있다.

자신이 상황의 연출자가 된다

전체를 바꿀 수는 없고 또한 바꿔서도 안 되지만, 적어도 시나리오는 고칠 수 있다. 시어머니가 전화할 때마다 통화를 해야 한다고 당신에게 강요하는 사람은 아무도 없다. 그러니 통화 횟수를 조절해라. 또 싫은 사람을 완전히 피할 수는 없을 것이다. 회사에 싫은 사람이 있다고 해서 사표를 쓸 수는 없지 않은가. 하지만 대화의 주제는 당신이 결정할 수도 있다. 동료가 또다시 되지도 않은 농담, 이를테면 "한 신부님이 정신과 의사에게 찾아갔어……"로 이야기를 시작하면 당신이 재빠르게 주제를 바꾸면 된다. 예를 들어 "방금 생각이 났는데, 메이 씨와 통화는 했어요? 통계가 빨리 필요하거든요"라고 말하는 식이다.

담을 사이에 두고 있는 이웃이 알고 보니 교양도 없고 무례한 사람이다.

그러면 덩굴식물을 잔뜩 심어서 이웃 사람이 담을 넘겨다보지 못하게 하는 것이다. 물론 덩굴식물을 심으려면 돈이 들기는 하지만 그래도 귀찮은 일은 당하지 않을 것이다. 이렇듯 꼴 보기 싫은 사람들을 통제하는 연습을 하면 훨씬 편안하게 살 수 있다.

상황을 설명한다

분위기를 바꾸려면 두 사람 사이의 앙금을 해소할 수 있는 대화를 나누는 것보다 더 좋은 대안은 없다. 그러므로 조용한 시간을 잡아서 시어머니에게 더 이상 무시당하고 싶지 않다고 말한다. 또는 동료에게 농담을 그리 즐기는 편이 아니라고 말한다. "재미있다고는 생각하지만 저는 농담을 잘 이해하지 못하거든요."

물론 당신의 시어머니는 그런 행동을 순전히 쇼라고 치부할 수도 있다. 동료 역시 당신을 꽤나 멍청한 사람이라고 생각할 수도 있다. 그럼에도 시도해볼 만한 가치는 있다. 만일 운이 따르지 않아 상대가 당신의 솔직한 심정을 이해하지 못하더라도 최소한 상대와 의논은 할 수 있다. 그리고 운이 좋으면 관계는 훨씬 좋아질 것이다. 어떤 경우에도 당신이 변하는 것은 분명하다. 비록 완벽한 결과가 나오지 않더라도 시도해봤다는 것은 그리 나쁜 느낌이 아닐 테니까 말이다.

자발적으로 하되 의무적으로 하지는 않는다

누구도 싫은 관계를 계속 유지할 필요는 없다. 관계가 끊어질 위험은 늘 있다. 하지만 굳이 그렇게까지 되는 걸 원치 않는 이유는 있다. 시댁 또는 처가와 그런대로 참을 수 있는 관계를 유지하는 것이 우리에게는 중요하기 때문이다. 배우자를 위해서 말이다. 다른 경우로는 계속해서 직장에 다니고 싶거나 이사 가지 않고 지금 사는 집에서 행복하게 살고 싶

266

은 까닭이다. 따라서 분명히 알아야 할 점은, 당신이 누구 때문에 괴로워 하든 그 관계를 계속 유지해야 할 운명은 아니라는 것이다. 결정권을 가진 사람은 바로 당신이다.

할 수 있는 만큼 당신의 역할을 연기한다

좋아하지 않는 사람과 함께 있는 시간을 제한할 수 있다. 그런데도 상대가 너무 보기 싫어서 괴로울 지경이라면, 영화에 출연한 배우가 되어 지금 연기를 하고 있다는 상상을 해보라. 줄리아 로버츠처럼 아니면 숀 코너리처럼 멋지게 말이다. 상상의 힘은 대단해서, 영화 속 주인공이 된 것처럼 생각하는 것만으로도 싫은 사람과 있는 게 덜 불쾌할 때가 있다.

좋은 사람들을 내 곁에 둔다는 것

이번 장에서 당신의 삶에 적용하고 싶은 내용은 어떤 것이 있는가? 당신을 풍요롭게 해주는 관계를 더 단단하게 하기 위해 무엇을 할 것인가? 부담스러운 관계는 또 어떻게 해결할 것인가? 인간관계 포트폴리오에서 앞으로 어떤 측면에 더 많은 관심과 주의를 기울이고 싶은가?

사소하지만 구체적인 목표를 세우도록 한다. "나는 직장 동료 슈바르트와 사이가 좀 더 좋아지도록 노력해야 한다"가 아니라 "나는 다음 주에 슈바르트와 점심 식사 약속을 할 것이다"로 말이다.

10장

건강하게 나이 들고 있는가

좋은 컨디션 유지하기

건강은 일상에서 시작된다. 작은 원칙들을 지키고 좋은 컨디션을 유지하려는 태도로 살아갈 때 우리의 몸과 마음은 더욱 건강해질 수 있다. 이번 장에서는 건강에 영향을 미치는 식습관과 운동 습관을 점검하고 우리 몸이 보내는 신호를 놓치지 않는 방법에 대하여 알아본다.

몸은 우리가 운반해야 할 짐이다.
짐의 중량이 초과될수록 여행 거리는 더욱 짧아진다.

아널드 H. 글래소Arnold H. Glasow

독일인들이 소원으로 가장 먼저 언급하는 것은 건강하게 오래 사는 것이다. 운동으로 단련한 건강한 몸, 잘 관리한 피부, 나이보다 젊어 보이는 얼굴 등은 성공하는 것, 자동차나 집, 휴가처럼 개인의 특권 의식을 강화해준다. 요가 수강권이나 운동 기구는 과거 어느 때보다 잘 팔리고 있다. 헬스클럽과 성형외과 의사들 역시 호황을 누리고 있다. 건강관리는 이제 하지 않는 사람이 없을 정도가 된 것이다. 미래를 연구하는 마티아스 호르크스Matthias Horx는 이미 이렇게 예언한 바 있다.

"앞으로 수십 년간은 건강, 정신적인 조화와 삶의 질에 관한 것들이 가장 인기를 누릴 것이다."

우리는 계속 늙을 것이고, 질병에 대비해 의료보험에도 들었다. 철학자 페터 슬로터다이크Peter Sloterdijk가 혹시 착각한 것은 아닐까? 신과 유전자에 이의를 제기할 수 있을까? 의사들은 그렇다고 대답한다.

1970년부터 보스턴의 학자 조지 베일런트George E. Vaillant는 '성인 발전에 대한 하버드 연구'를 진두지휘했는데, 이 연구는 오래전인 1938년부터 성인 남녀 824명을 대상으로 시작했다. 1940년대부터는 연구에 참여한 사람들 중 고령의 남녀들에게 5년마다 의료 진단을 받고 그 결과를 기록하도록 했다. 베일런트와 그의 동료들은 이 자료를 바탕으로 성인들의 행복과 건강에 가장 중요한 7가지 요소를 요약했다.

이 연구에 참여한 사람들은 이미 50세에 다음과 같은 사항에 해당되었다.

- 금연
- 적당한 음주

- 적당한 체중
- 규칙적인 운동
- 안정적인 부부 관계
- 성숙한 문제 해결와 스트레스 관리
- 우울증 증세 없음

이들 요소 가운데 단 한 가지, 우울증만이 개인이 영향을 미칠 수 없는 영역에 속한다. 그밖에 모든 것은 우리가 직접 통제할 수 있는 요소들이다. 건강관리는 빨리 시작할수록 좋다. 지금 컨디션이 최고라고 느끼더라도 더 이상 우리는 젊어지지 않기 때문이다. 건강하게 늙고 싶다면 20, 30대부터 규칙적으로 몸을 관리해주는 게 좋고, 조금 늦었더라도 지금 이 순간부터라도 건강관리를 시작하라.

건강 포트폴리오 작성하기

당신에게 건강은 무엇을 의미하는가? 단순히 아프지 않은 상태를 의미하는가? 아니면 육체적으로, 심리적으로, 정신적으로 편안하게 느끼는 것을 뜻하는가? 당신의 외모에 만족하는가? 체력과 순발력에도 만족하는가? 당신은 몸에서 보내는 신호를 듣고 있는가? 규칙적으로 그러한가? 아니면 병이 생기고 나서야 비로소 듣는가? 건강을 위해 어떤 노력을 하는가? 그 덕분에 어떤 성공을 거두었는가? 당신의 삶에 영향을 주는 요소와 태도를 기억해내어 다음과 같은 포트폴리오를 작성해보라.

· 음주	· 피부 관리, 일광욕
· 지구력	· 근육 운동
· 가동성	· 흡연
· 운동, 스포츠	· 심리적 안정
· 긴장 해소	· 물과 음료 마시기
· 영양 섭취	· 질병 예방 및 사전 준비
· 체중 관리	

건강 포트폴리오는 현재 당신의 건강 상태를 말해주지 않는다. 그것이 알고 싶다면 의사에게 가보는 것이 좋다. 진찰을 받아보면 당신이 건강하게 살아가고 있는지 아닌지 분명하게 나오니까 말이다. 오랫동안 활동하고, 몸 상태도 쾌적하며, 일의 능률도 높은가? 비록 당신에게 아무런 문제가 없더라도 건강 포트폴리오를 분석할 필요는 있다. 만일 지금 처음으로 무언가 통증이 느껴진다면 이는 몸이 가지고 있는 비상 에너지의 70퍼센트가 소모되었다는 증거이다.

당신의 건강 포트폴리오에 어느 정도 만족하는가? 어떤 요소들을 조금 더 개선하고 싶은가? 당신의 목표를 한번 기록해보도록 한다.

반드시 금연해야 하는 이유

독일에서는 매일 흡연으로 200명 이상이 사망한다. 흡연자는 비흡연자보다 10년 정도 수명이 짧다. 담배는 남자가 여자보다 평균적으로 일찍 죽게 만드는 주원인이다.

니코틴을 포기하는 태도는 더욱 행복하고 성공적인 노후를 맞이할 수 있는 가장 중요한 조건이다.

더 이상 말할 필요도 없다. 대부분의 흡연자들도 담배가 건강에 독이라는 점을 알고 있으니까. 최근 통계에 따르면 담배에는 4000여 가지의 다양한 성분이 들어 있는데 그 중 암을 유발하는 물질이 40가지 이상이라고 한다.

그래서 흡연자 2명 중 1명은 니코틴 중독에서 자유로워졌으면 한다. 유감스럽게도 담배를 피우지 않는 사람들의 예상과는 달리 금연은 그리 간단하지 않다. 담배를 피울 때 흡입된 니코틴이 뇌의 엔도르핀 생산을 방해하기 때문이다. 엔도르핀은 스트레스를 받거나 육체적으로 고통스러울 때 뇌세포에서 뿜어주는 '행복을 위한 마약'이다. 그런데 흡연자의 경우 니코틴이 엔도르핀을 대신한다. 뇌는 엔도르핀 생산을 중단하게 되는데, 니코틴이 엔도르핀 대신 긴장도 완화해주고 편안하게 해주는 역할을 하는 탓이다. 따라서 담배를 끊는다는 것은 처음에는 니코틴은 물론 엔도르핀도 공급받지 못한다는 것을 의미한다. 사실 엔도르핀이 없으면 삶은 그다지 즐겁지 않다. 니코틴 파스와 니코틴 껌은 그와 같은 증상을 완화해주는 작용을 한다.

마지막 담배를 던지면서부터 더욱 멋진 삶이 시작된다. 특히 놀라운 점은 담배를 피우지 않고 불과 몇 시간만 지나더라도 벌써 몸이 좋아졌다는 최초의 징후가 나타난다는 것이다.

8시간 후 흡연자들의 호흡에서 나오는 독가스가 사라진다. 독가스인 일산화탄소는 적혈구에서 산소로 대체된다.

24시간 후 심근경색이 일어날 위험성이 줄어든다.

48시간 후 후각과 미각의 예민함이 되살아난다.

2~3개월 후 혈액순환이 좋아진다. 걷는 것도 훨씬 쉽고 폐 기능도 30퍼센트까지 더 좋아진다.

19개월 후 흡연자들이 흔히 하는 기침이 줄어들고 기본적인 능률도 올라간다.

1년 후 심장의 관상혈관에 질병이 생길 확률이 흡연자의 절반으로 줄어든다. 2년이 지나면 심근경색이 일어날 위험은 보통 사람들과 같아진다.

5년 후 뇌졸중이 일어날 확률이 줄어들고 폐암에 걸려 사망할 위험은 예전보다 현저히 낮다. 구강암이 발생할 위험은 흡연자에 비해 2분의 1 정도이다.

10년 후 폐암으로 사망할 확률이 비흡연자와 비교해도 더 높지 않고 암의 전 단계에 해당하는 세포들이 건강한 세포로 대체된다.

15년 후 심장, 혈액순환과 관련한 질병이 생길 위험이 한 번도 담배를 피우지 않은 사람과 같아진다.

규칙적인 생활은 왜 중요한가

나는 평생 다이어트를 해본 적이 없다. 저지방 우유도 싫어하고 이상한 곡류가 섞인 빵도 싫어하며 몇 년 전만 하더라도 운동을 전혀 하지 않았고 살았다.

그런데 시간이 지날수록 몸이 가볍지 않은 게 느껴졌다. 이제 이상적인 체중을 유지하기 위해서 더 노력을 해야만 했다.

후식은 주말에만 먹고, 케이크는 정말 힘든 일이 있는 날이나 지름신이 내린 탓에 생각 없이 물건을 사버린 날에만 나를 위로하기 위해서 먹는다. 남편과 나는 과거에 비해서 고기를 적게 먹고 생선과 닭고기를 많이 먹는다. 그래서 우리 식탁에 오르는 음식은 늘 스파게티, 샐러드와 야채로 만든 음식들이다. 여기에 밀가루로 만든 빵과 레드 와인을 곁들이면 최상이다. 물론 건강을 위해서라면 둘 다 안 먹는 것이 좋겠지만. 운동과 관련해서는 몇 년 전부터 골프를 치고 있으며 겨울에는 일주일에 두 번 정도 헬스클럽에 다닌다. 한 가지 운동은 재미있고, 다른 하나는 견디면서 할만하다. 바로 이런 이유로 그나마 꾸준히 운동을 하고 있는 셈이다.

내가 다이어트로 요요 현상을 겪지 않아도 된 것은 부모님 덕분이다. 부모님과 함께 살던 시절, 우리 집에서는 정해진 시간에 규칙적으로 식구들이 모여 함께 식사를 했다. 다른 식구들이 음식을 다 먹을 때까지 여동생과 나는 자리에서 일어날 수 없었기에 천천히 먹는 법을 배우게 되었다. 그렇게 한다고 해서 안타깝게 놓치는 일은 아무것도 없었으니까. 요즘에도 나는 다른 사람이 딸기 케이크를 세 조각이나 먹을 동안 한 조각을 천천히 맛있게 먹는다. 또 우리 집에서 텔레비전을 보면서 땅콩을 먹거나 숙제를 하면서 초콜릿을 먹는 것은 금지되어 있었다. 어렸을 때는 그런 습관을 들여야 하는 게 몹시 귀찮았는데 자라면서 바뀌었다. 지금도 나는 텔레비전을 보면서 감자 칩이나 콘 칩을 먹지 않으며 책상에서도 과자를 먹지 않는다.

건강은 일상생활에서 시작된다. 지중해식 음식을 먹고 규칙적인 운동을 하는 것, 거기에 주말이면 요가를 하거나 자연식을 하거나 금식을 한다면 완벽할 것이다. 하지만 이런 것들이 좋은 습관을 대체할 수는 없다. 가장 좋은 것은 건강하게 사는 습관을 유지하는 것이다.

식습관과 운동 습관 테스트해보기

다음의 목록에 체크하면 당신의 식습관과 운동 습관을 알 수 있다. 당신에게 해당하는 말에 체크하면 된다.

☐ 체중과 키의 비율BMI: Body Mass Index이 정상이다.
  BMI를 이용해서 체중 수치를 평가할 수 있다. 계산 방법은 다음과 같다.

$$\text{BMI} = \frac{\text{체중kg}}{(\text{키|m})^2}$$

(18.5~24.9 사이의 수치는 정상 체중이고 25.0~29.9는 과체중, 30 이상은 비만을 의미한다.)

☐ 섭취하는 음식의 대부분이 식물성이다. 평소 샐러드, 밀가루 음식, 통 밀빵, 견과류, 채소, 과일 등을 먹는다.

☐ 고기 또는 생선은 일주일에 많아야 두세 번 정도 먹는다. 이런 식재료 를 살 경우 지방 함유량을 살핀다.

☐ 동물성 지방을 피하고 대신 식물성 기름을 섭취한다.

☐ 미리 만들어진 음식, 통조림, 냉동식품은 사 먹지 않으며 되도록 신선 한 생선과 채소, 과일을 산다.

☐ 하루에 적어도 2리터의 물을 마신다. 몸의 수분을 빠지게 하는 술, 홍 차, 커피, 콜라는 마신 물의 양에 포함되지 않는다.

☐ 커피는 하루에 세 잔 이하로 마신다.

☐ 술을 적게 마신다. 여성의 경우 매일 많이 마셔야 20밀리그램, 남성 은 30밀리그램이다.

☐ 엘리베이터를 이용하지 않고 계단을 오르내릴 때가 많다.

☐ 육체노동, 어린아이 돌보기, 집안일 등 하루 종일 해야 할 일이 많다.

☐ 멀어도 걸어 다니거나 자전거를 이용한다.

☐ 매주 적어도 두세 번은 20~30분 정도 그다지 힘들지 않은 운동을 한 다. 자전거 타기, 워킹, 조깅, 수영, 인라인스케이트, 에어로빅, 러닝머 신 등이 있다.

☐ 매주 최소 한 번은 15~20분간 스트레칭이나 긴장을 해소하는 연습을 한다.

☐ 거의 매일 체조를 한다.

체크한 숫자가 많을수록 그만큼 건강하게 먹고 활동한다는 뜻이다.

독일인의 51퍼센트는 과체중이며 14퍼센트는 비만으로 간주된다. 과체중과 비만은 정상 체중인 사람보다 훨씬 위험하다. 예를 들어 과체중인 사람이 당뇨병과 간 질환으로 사망하는 경우는 정상 체중인 사람에 비해서 2배 많으며, 관상혈관과 관련된 심장 질환으로 사망할 위험성은 보통 사람에 비해서 60퍼센트 많고, 수술 후 감염될 확률은 보통 사람의 2배 이상이다. 또한 과체중은 대장염, 자궁암, 유방암을 유발하는 위험한 요소이기도 하다.

건강한 식생활을 지키기 위한 규칙은 누구나 알지만 이를 지키는 사람은 드물다. 그 이유는 음식을 먹을 때 포만감과 건강, 칼로리, 단백질, 섬유질과 같은 것만이 중요하게 고려되는 것이 아니기 때문이다. 사회적인 규범과 강요, 기억, 습관, 개인적인 기호와 혐오감 등이 식탁 위에 오르는 음식을 결정한다.

식사에 담긴 사회적 가치

아이들과 함께 빨리 먹어야 하는 아침 식사를 떠올려보라. 화난 표정도 짓지 않고, 입에 음식을 가득 넣은 채 고함을 지르는 일이 없도록 음식을 빨리 내줘야 한다. 전자레인지에 데운

냉동 피자, 케첩이 들어간 스파게티, 소시지와 감자튀김 같은 음식을 주면 아이들은 만족해하고 부모는 더 이상 아이들과 음식 앞에서 실랑이를 벌일 필요가 없다.

배고플 때 간식으로는 아보카도와 모차렐라 치즈를 넣은 샌드위치를 먹으면 좋을 것이다. 물론 패스트푸드 음식점이 가득 들어서면서부터 건강한 음식을 사 먹을 곳이 많지는 않겠지만 말이다.

사업상의 파트너를 초대해서 먹는 저녁 식사는 어떠한가? 치즈 한 덩어리와 빵, 레드 와인으로는 충분하지 않다. 친한 친구들과는 이런 식으로 저녁을 먹을 수도 있겠지만 중요한 손님은 이보다 더 화려한 식탁을 기대할 것이다. 무엇보다 고기나 생선이 있어야 한다. "귀한 손님이 왔을 때는 반드시 고기가 식사의 중심이 되어야 하고 접시 중앙에 고기를 내놓아야 한다"라고 한 요리 전문가는 충고했다. 고기는 공적인 자리에서 필요한 음식이고, 채소와 탄수화물은 접시 가장자리에 놓이는 만큼 부속물에 속하기 때문이다.

우리는 식사를 하면서 대화만 나누는 게 아니라 음식을 쾌락과 연결시킨다. 펜실베이니아대학교에서 심리학을 가르치는 폴 로진Paul Rozin은 이렇게 말한다.

"음식은 우리가 건강하고 행복하다고 느끼는 데 지대한 역할을 하며, 심지어 많은 사람들은 섹스보다도 먹는 것을 더 즐긴다."

안타깝게도 건강에 좋은 음식과 식재료는 그다지 매력적이지 않다. 이를테면 오리구이 스테이크보다 두부를 선호하고, 달걀노른자와 우유가 다량 함유된 고소한 프랑스식 디저트보다 바이오 공법으로 재배한 사과를 먹는 것은 어지간히 건강에 광적인 사람이 아니고서는 실천하기 힘든 일이다.

하지만 솔직히 말해서 보통 집에서든 레스토랑에서든 그렇듯 극단적인 선택을 할 기회는 별로 없다. 일상에서는 점심을 빨리 만들기 위해 만두를 빚기보다는 간단히 만들 수 있는 야채 볶음밥을 해먹고, 식당에 가면 영양가가 많은 후식보다는 간단히 먹을 수 있는 후식을 고른다.

건강한 영양 공급이란 매일 매일의 작은 결정들의 합이다. 하지만 그렇다고 해서 지금보다 더 건강해지기 위해 금욕하는 고행자가 될 필요 역시 없다.

매일 적어도 물 2리터를 마신다

가장 이상적인 방법은 물, 과일 차와 허브티를 마시는 것이다. 물은 몸을 정화해주고 피부에 영양분을 공급해준다. 갈증이 날 때까지 기다리지 말고 언제든 마시도록 하라. 커피를 주문할 때는 물도 같이 달라고 하면 좋다. 이렇게 함으로써 커피의 작용으로 몸에서 빠져나가는 물을 보충할 수 있다.

식사를 즐긴다

그릇에 예쁘게 담지 않은 음식은 먹지 말자. 초콜릿 한 통을 통째로 먹는다거나 냉장고에서 햄 덩어리를 꺼내 다 먹어버린다든가, 아이들이 먹다 남긴 음식도 아까워서 먹어 치우는 행동을 하지 않아야 한다. 혼자서 식사하더라도 식탁을 멋지게 차려놓고 천천히 먹는다. 텔레비전을 보거나 신문을 읽거나 다른 집안일을 하면서 먹어서도 안 된다. 식사를 하는 중간에 수저는 가끔씩 내려놓는다. 천천히 그리고 즐기면서 음식을 먹으면 마음이 편안해지고 포만감도 훨씬 빨리 느낄 수 있다. 만일 가족과 함께 산다면 식사 시간을 하루 중 가장 '삶에서 중요한 요소'로 만들어라. 말하자면 규칙도 정하고 의식도 갖추는 것이다. 세금 납부나 형편없는 수학 점수, 회사에서 일어난 불쾌한 사건 등 즐겁지 않은 주제에 관해서는 식사할 때 얘기하지 않기로 정한다.

체중을 유지한다

단순하게 살아가자고 외치는 미국인 일레인 제임스는 이와 관련해서 탁월한 충고를 해주고 있다. 즉, 매일 아침 체중계 위에 오르는 것이다. 몇 그램이라도 늘어나면 의식적으로 이를 조정한다. 예를 들면, 체중이 정상으로 돌아올 때까지 아침을 먹지 않는다거나 약간 데친 야채를 먹거나 구운 생선이나 지방이 적은 고기를 먹도록 한다. 여기서 중요한 것은 체중을 재는 것만으로는 충분하지 않다는 점이다. 체중을 유지하기 위해서는 체중이 변하는 곡선에 따라 곧바로 행동해야지 파티가 모두 끝난 뒤에나 스트레스가 없어지면 그때 실행하겠다고 해서는 안 된다.

냉장고에 식재료를 충분히 비축해둔다

장 볼 시간이 없더라도 인스턴트식품을 구입하지 않는다. 만약 집에 국수, 쌀, 통조림 토마토, 양파, 마늘, 올리브유가 있다면 그리 걱정할 필요가 없다. 이런 재료들에 한두 가지만 섞으면 맛있고 지방이 적은 음식을 충분히 만들 수 있다.

지방에 대해 예민해진다

과일, 채소, 탄수화물을 충분히 섭취하고 지방은 멀리한다. 가장 이상적인 방법은 식사 때마다 지방을 20그램으로 줄이고 살을 뺄 때는 10그램으로 줄인다. 지방이 적은 우유 제품과 치즈를 먹고 오리고기 대신 닭가슴살을 고르며 살라미 대신 햄, 훈제 연어 대신 바다 연어를 고른다.

다이어트로 자신을 괴롭히지 않는다

식단에 대한 책임은 스스로 지는 것이 좋다. 각 식품에 따른 영양성분을 기록해둔 목록을 만들어서 스스로 계산해본다. 돼지고기 어깨 부위 200그램은 지방 45그램을 함유하고 있지만 연한 돼지고기 200그램에는 지방이 5그램밖에 없다. 연한 고기가 비싸다고 반박할 수 있겠지만 먹는 양을 150그램 또는 120그램으로 줄이면 된다. 이것만 먹어도 배는 충분히 부르다(물론 다른 식구들에게도 그렇다). 배를 곯거나 굶지 않으면서 한 번에 90퍼센트 이상의 지방을 먹지 않게 되는 것이다.

지금 당장 몸을 움직여라

우리는 아침을 먹을 때도 앉아서 먹고 지하철을 타서도 앉아서 가고 사무실에서도 앉아서 일하고 치과에 가서도 앉아 있고 회의할 때와 집에서 텔레비전을 볼 때도 앉아 있다. 우리의 몸은 제발 좀 움직이고 운동을 해달라고 아우성을 친다. 인간의 신체는 우리가 살고 있는 지금의 시대보다 훨씬 많이 움직였을 때 기초가 잡힌 것이다. 다시 말해 오늘날과 같은 정보 시대에 줄곧 앉아서 일하는 사무직원이나 콘텐츠 담당자들을 모델로 해서 만들어진 게 아니라는 뜻이다.

우리의 일상은 우리 몸의 본성과는 어긋난다.

따라서 우리는 건강, 외모, 기분을 더 좋게 하기 위해서 움직여야 하고 그럼으로써 몸의 균형을 잡아야 한다. 1999년 미국 국립보건원National Institutes of Health의 보고에 따르면, 사람은 연령에 상관없이 운동을 통해서 삶의 질을 높일 수 있다고 한다. 규칙적으로 몸을 움직이면 심장병, 골다공증, 당뇨병, 고혈압에 걸릴 확률이 낮아지고 심장과 폐 기능은 물론 근육도 강화된다.

이를 위해 복잡한 프로그램 따위는 필요 없다. 일주일에 두세 번 최소 30분간 지속적으로 운동을 하면 된다. 걷기, 뛰기, 수영, 춤, 자전거, 스케이트, 보트 타고 노 젓기, 근력 운동 등을 하면 된다. 이런 식으로 훈련을 하면 근육도 단단해지고 혈액순환도 좋아져서 신체는 그에 대한 보답을 한다. 운동을 하고 나면 보통 자의식이 강해지고 긴장도 풀어지며 더욱 능률이 오르고 우울한 기분도 훨씬 나아진다.

운동을 싫어하는 사람에게는 건강에 좋다고 해서 어쩔 수 없이 일주일에 한두 시간씩 운동을 하는 것도 쉽지 않을뿐더러 더 즐거워지지도 않는다. 그래서 처음 운동을 시작할 때는 엄격한 규칙에 따르거나 스스로를 약간 속이는 것이 필요하다. 이를테면 멋진 운동복을 입고 여자 친구와 함께 운동을 한다거나 금방 좋은 결과가 나타나는 운동을 선택하는 것이다. 비싸지만 헬스클럽의 연회원으로 등록하면 자극도 받고 의무감을 느껴서 자연스레 운동을 하게 된다. 이런 식으로 헬스클럽의 프로그램을 두세 달만 따라 하면 습관이라는 것이 생긴다. 그때는 당신이 편안하게 집에서 책을 읽고 싶어도 몸은 이미 익숙해진 대로 움직여달라고 요구할 것이다.

아무것도 하지 않는 것보다 뭐라도 조금 하는 게 낫다
이상적인 방법은 매일 30분씩 운동하는 것이다. 조깅이나 자전거 타기, 수영, 에어로빅 같은 운동이 있을 것이다. 하지만 이런 건 정신력이 대단하거나 운동에 미친 사람이나 매일같이 그렇게 할 수 있다. 보통 사람은 이보다 조금 적게 운동해도 괜찮다. 일주일에 두세 번 운동하고 운동하지 않는 나머지 날에는 하루에 총 30분 정도 움직인다면 당신의 몸은 정말 감사해 할 것이다. 가령 15분간은 골목길에 쌓여 있는 눈을 치우고 15분간은 산책을 한다면 하루에 필요한 최소한의 운동량은 채워진다.

짧은 시간 격렬한 운동보다 긴 시간 적절한 강도의 운동이 낫다
운동의 강도보다 지속성이 더 중요하다는 말이다. 힘든 운동보다 강도가 약하거나 중간 정도인 운동을 더 자주 하도록 한다.

짬이 날 때 틈틈이 가벼운 운동을 한다

평상시에 자주 움직일수록 좋다. 일상생활에서 움직일 수 있는 다음과 같은 기회를 활용하라.

- 엘리베이터나 에스컬레이터 대신 계단을 이용한다. 그러면 심장과 혈액순환계가 단련될 것이다.
- 살 게 많지 않으면 자전거를 타거나 걸어서 시장에 간다.
- 지하철이나 버스를 타는 경우 내려야 할 정거장보다 한 정거장 전에 내려서 걸어간다. 그리 멀지 않다면 대중교통을 이용하기보다는 걸어서 간다.
- 사무실에서도 움직일 수 있으면 최대한 움직인다. 서류철 가운데 몇 개는 팔을 뻗쳐서 닿지 않는 곳에 둔다. 전화 통화를 할 때는 일어서서 하고, 이메일이나 사내 메신저, 전화를 이용하는 대신 위층에 있는 직원을 직접 찾아간다. 사무실에서 많이 움직이면 몸의 자세가 비뚤어지는 것을 막아준다.
- 근육의 균형을 유지하기 위한 운동을 한다. 신호등 앞에서나 끝나지 않는 회의 중에 가만히 있지 말고 몸을 이리저리 움직인다.

자신에게 맞는 운동을 한다

자연을 사랑하는 사람은 자연이 있는 곳에서 운동을 하면 훨씬 좋을 것이다. 또 결과를 신경쓰지 않아도 되는, 욕심 없이도 충분히 할 수 있는 운동이 많다. 마당 쓸기나 산책, 등산과 같은 것들이다.

잘 쉬는 것도 연습이 필요하다

24시간 돌아가는 사회로 인해 우리는 점차 휴식을 취하기가 힘들어지고 있다. 이런 현상은 잠에서부터 시작한다. 1910년의 성인들은 평균 9~10시간 잠을 잔 반면, 요즘의 성인들은 채 7시간도 못 자는 형편이다. 매년 수면 시간이어야 할 500시간을 다른 일을 하느라 소비한다. 게다가 하루 일을 마치고 잠자리에 들더라도 곧장 잠을 잘 수가 없다. 주말이나 긴 휴가를 보낼 때조차 원했던 만큼 푹 쉬지 못하는 때가 많다.

잠이 드는 게 생각만큼 간단하지 않다는 것을 아마 대부분 경험했을 것이다. 영화라도 보고 온 날이면 집으로 돌아와서도 쉽사리 잠을 이룰 수가 없다. 내일 아침 또다시 일찍 일어나서 출근해야 하기 때문이다. 힘든 일을 하고 집에 돌아와서도 스마트폰을 계속 붙잡고 있다 보면 휴식이 될 리가 없다. 주말을 건강하게 보낸답시고 산이나 호수 근처로 놀러 가면 마음은 들뜨겠지만 주중에 사무실에서 받았던 스트레스를 한방에 날려주지는 못한다. 주중에 부족했던 잠을 주말에 보충하는 것도 쉽지가 않다.

수면, 휴식, 여가 시간과 휴가는 그 자체만으로는 기운을 회복시켜주지 못한다. 진정한 의미에서 푹 쉬려면 '제대로' 쉬어야 한다. 다음에 소개하는 것들을 읽어보면 도움이 될 것이다.

숙면을 취하도록 노력한다

에리히 케스트너는 "잠잘 수 있는 자, 행복하여라"고 시에서 표현했다. 약을 복용하지 않고도 우리는 이런 행복을 누릴 수 있다. 다음은 숙면을 취할 수 있는 구체적인 방법들이다.

- 잠자리에 드는 시간과 일어나는 시간을 규칙적으로 지켜나가도록 하라. 주말도 예외가 아니다. 그러면 자신의 수면 리듬을 알게 될 것이다. 피곤한 느낌이 들면 곧바로 자러 가라. 오래 자는 것보다 잘 자는 것이 더 중요하다.
- 밤늦게 많은 음식을 먹지 않는다.
- 저녁에는 커피, 홍차, 콜라 등 카페인을 피한다.
- 자기 전 몇 시간 동안은 조용히 있는다. 다툼이나 격렬한 토론, 사이코 스릴러물, 긴 전화 통화나 밤늦게까지 일하는 것은 수면을 방해한다.
- 잠자기 전에 동네 한 바퀴를 돈다.
- 잠자기 전에 자기만의 의식을 행한다. 음악을 듣거나, 목욕을 하거나, 따뜻하고 달콤한 우유 한 잔을 마시는 식이다.
- 침실은 통기가 잘 되고 조용하며 너무 따뜻하지는 않아야 한다. 혹여 배우자가 많이 뒤척인다면 요와 이불을 따로 사용한다.

- 잠이 오지 않는다고 계속 시계를 볼 필요는 없다. 잠이란 강제로 잘 수 있는 게 아니니 가만히 눈을 감고 있어라.
- 잠이 오지 않거나 도중에 잠이 깨버렸다고 괴로워하며 계속 뒤척일 필요는 없다. 차라리 불을 켜고 일어나서 샤워를 하거나 명상에 잠기거나 마음속에 떠오르는 생각들을 글로 적어보는 것도 좋다.

몸이 보내는 신호에 집중한다

긴장이 풀어지는 것이 느껴지면 이를 충분히 즐기도록 한다. 해야 할 일이나 문제를 해결할 때까지 혹은 프로젝트를 완성할 때까지 기다리지 말아라. 일반적으로 90~120분 일한 다음에는 잠시 휴식이 필요하다. 그럴 때면 우리 몸에서 다음과 같은 신호가 나타난다.

- 기지개를 켜거나 근육을 풀어주고 싶은 욕구가 생긴다.
- 하품 또는 한숨이 나온다.
- 군것질하고 싶은 욕구가 생긴다.
- 산만한 생각이 떠오른다.

이런 신호들을 무시하면 우리 몸은 피곤함을 풀어주기 위한 호르몬을 마구 쏟아낸다. 그래서 처음에는 쉬지 않고 일할 수 있다. 하지만 시간이 지날수록 몸은 거짓말을 하지 못한다. 우리 몸이 쉬어주어야 할 시간을 계속 미룰수록 휴식을 취한 후 다시 일에 돌아오기까지 더 긴 시간이 필요하다.

인스턴트 음식으로 휴식을 대신하지 않는다

긴장의 발생부터 해소에 이르는 과정은 시간이 필요하다. 어떤 문제를 해결하는 과정, 또는 동료가 던진 신랄한 말로 괴로워하고 있을 때는 쉴 수가 없을 것이다. 자유로운 시간을 즐기는 대신 주말에 우울감을 느끼거나 휴가 때 두통을 앓게 된다. 그러므로 금요일 오후 늦게까지 회의를 하면서 주말을 짧게 보내거나 잠들기 전에 서류를 훑어보는 일 같은 건 피해야 한다. 쉴 때는 우선 일과 거리를 유지하는 것이 좋다. 육체적, 심리적, 정신적으로 일에서 완전히 멀어져야 하는 것이다. 일에서 휴식으로 돌아가는 과정에 재미있는 나만의 의식을 치르면 도움이 된다. 이를테면 자러 가기 전에 모차르트 음악을 들어도 되고, 휴가 바로 전날 저녁에는 근사한 레스토랑에서 식사를 할 수도 있다.

필요한 휴가의 방식을 스스로 정한다

당신이 적절하게 쉴 수 있는 방법은 당신이 무엇에서 벗어나 푹 쉬고 싶은지에 달려있다. 만일 오후에 별난 아이 두 명을 데리고 수영장에 다녀왔다면 저녁에는 수준 높은 소설책을 읽으면서 시간을 보내면 된다. 반대로 현재 힘든 프로젝트에 시간을 많이 빼앗기고 있다면 당신의 정신은 휴식이 필요하고 몸은 운동이 필요하다. 예를 들어 요가를 하거나, 키우는 식물의 가지치기를 하거나, 프로젝트가 끝난 뒤 이틀 정도 바닷가로 휴가를 떠나도록 한다. 만일 직장에서 맡은 일이 너무 쉬워서 지루하다면 다른 규칙을 적용하면 된다. 주말에 테니스 경기를 구경하러 간다거나 남아프리카로 여행을 가면 직장에서 얻을 수 없었던 스릴을 만끽할 수 있을 것이다. 메뉴판에서 임의로 한 가지 음식을 시켜 먹듯이 휴가와 휴식도 그때마다 필요한 방식을 선택하면 된다. 그러고는 육체적으로, 심리적으로, 정신적으로 균형을 찾을 수 있을 만큼 충분히 휴식을 취한다.

우리 몸이 정말로 원하는 것

몸은 우리가 편안하게 느끼는 것이 무엇인지 미리 신호를 보내준다. 배고픔, 갈증, 피로, 긴장, 눈물, 산만함, 침착하지 못한 움직임, 초콜릿을 먹고 싶은 욕구 등은 우리의 몸 상태가 어떠한지 분명하게 보여주는 신호다. 연료가 바닥날 경우에 자동차 계기판에 불이 들어오듯 말이다. 자동차가 그런 신호를 보내면 우리는 가장 가까운 주유소에 가서 기름을 넣는다. 하지만 우리 몸은 욕구가 채워질 때까지 기다려야 하는 게 보통이다. 그것도 우리가 그런 신호를 알아차리지 못하면 언제까지나 기다려야 한다.

대체로 우리는 계획들을 실행에 옮기느라 대부분의 시간을 보낸다. 그래서 몸이 보내는 신호에 귀를 기울이는 일조차 관심이 없을 때가 많다. 좌골신경이 살려달라고 외쳐대지만 병원에 가지 않는다. 배우자는 며칠 전부터 우리의 안색이 매우 창백하며 신경질적인 모습이 더 늘었다고 느낀다. 사실 우리는 일을 지나치게 많이 하고 있다는 것을 알아야만 한다.

다른 사람이 우리에게 전혀 관심을 갖지 않는다면 우리는 견디지 못한다. 그것은 우리 몸도 마찬가지다. 만약 몸을 오랫동안 소홀히 대한다면 평상시와는 다른 반응을 한다. 위경련으로 먹는 즐거움은 사라지고 심각한 허리 통증 때문에 잠을 이루지도 못하며 혈액순환과 관련된 질병이나 독감으로 꼼짝없이 누워서 쉬게 된다. 몸에 귀 기울이려 하지 않는 사람은 느끼기라도 해야 한다.

이렇듯 심각한 지경에 이르는 것은 순전히 스스로에게 달려 있다. 몸이 보내는 경고 신호를 일찌감치 알아채고 이를 진지하게 받아들이면 많은 문제가 일어나지 않는다. 물론 좀 더 주의를 기울이기는 해야 한다. 보통 때보다 와인 한 잔을 더 마시니 컨디션이 평소와 달리 안 좋다거나, 주말에 일을 하고 나자 죽을 것처럼 피곤하다면 이런 점을 놓치지 말아야 한다. 그러므로 하루에 여러 차례 당신의 컨디션이 어떤지 자문해야 한다. 그리고는 몸이 보내는 신호를 따라서 와인에서 물로 갈아타야 한다. 호두가 들어있는 초콜릿 한 조각을 먹는 것도 좋다. 우리 뇌는 기분을 좋게 하는 호르몬인 세로토닌을 만들어내는데 초콜릿 안에는 세로토닌의 합성에 필요한 중요 성분이 많이 함유되어 있기 때문이다. 그리고 보통 때와는 달리 일찍 잠자리에 들도록 한다. 〈섹스 앤 더 시티Sex and the City〉나 〈앨리의 사랑 만들기 Ally McBeal〉 같은 드라마를 보면 잠이 잘 올 수 있을 것이다.

좋은 컨디션을 유지한다는 것

이번 장에서 받은 자극 가운데 어떤 점을 실천하고 싶은가? 왜 그러한가? 구체적으로 어떻게 그럴 수 있는가? 당신의 건강 포트폴리오에서 앞으로 조금 더 관심을 두고 싶은 요소는 무엇인가?

당신이 아직 실천하고 있지 않다면 다음의 사항은 반드시 실천해야 한다.

- 담배를 피우지 않는다.
- 와인이나 맥주를 매일 한 잔 이상 마시지 않는다.
- 매일 2리터의 물이나 과일차를 마신다.
- 좋아하는 운동을 한 가지 찾는다.
- 식사 때마다 과일이나 채소를 먹는다.

11장

적절히 반응하고 있는가

반응 연습하기

인생은 결코 원하는 대로 되지만은 않는다. 그러나 생각지 못한 일들에 적절히 반응하는 연습을 통해 우리는 얼마든지 삶을 원하는 방향으로 컨트롤해나갈 수 있다. 감정을 조절하고 냉철히 생각하며 실현 가능한 목표를 설정하는 것이 바로 반응을 연습하는 방법이다.

삶을 어렵다고 생각하기는 쉽다.
하지만 삶을 쉽게 받아들이기는 어렵다.

에리히 케스트너 Erich Kästner

사람을 미치게 만드는 일이 있다. 프로젝트가 거의 완성될 무렵 컴퓨터가 맛이 가버려 작업해둔 파일을 몽땅 날려 먹었다거나, 여름휴가가 시작되기 이틀 전에 아이가 수두에 걸리는 상황을 마주하면 우리는 이성을 잃고야 만다. 며칠 전부터 계속 장대비가 내려 불쾌 지수가 하늘을 찌르는데 커튼도 빨아야 하고 친구들도 초대해야 한다. 세무서에서는 올해 소득을 세 배 정도 높게 추측하여 세금통지서를 보냈고, 우리 집 입구에 누군가 주차를 해서 또다시 차를 빼낼 수 없게 되었다. 도대체 일이 왜 이렇게 자꾸만 꼬이는 것일까?

《구약성서》는 "주께서 너희에게 진노하사 평안하라. 평안은 큰 죄악으로부터 보호하심이라"고 말한다. 하지만 세상일과 날씨에 불만이 생기거나 세무서 직원과 다투거나 누군가를 원망하게 되면 아무리 현명한 말이라도 우리의 귀에 들어오지 않는다.

삶이 원하는 대로 되지 않는 것을 경험해본 적이 있을 것이다. 나 역시 그럴 때가 있었다. 냉정하게 생각하는 것 자체가 불가능할 때 말이다. 그 원인은 석기시대에 만들어졌던 우리 뇌의 역사로 거슬러 올라가는데, 당시 인류는 불쾌한 상태를 태연하게 내버려 두는 게 쉽지 않았다. 다른 한편으로 우리 인간은 평생 즉흥적으로 반응하며 살아야 하는 운명에서 벗어나지 못하는 것도 아니다. 어떤 것도, 어떤 사람도 우리 자신의 충동에 따라야 하며 화를 내거나 흥분하라고 강요하지 않는다. 모든 것은 우리에게 달려있다. 살아가면서 발생하는 여러 가지 사건들은 우리가 그것에 대해 어떻게 반응하느냐에 따라서 전혀 다른 결과가 나올 수 있다는 말이다.

감정 포트폴리오 작성하기

당신이 얼마나 침착하고 태연할 수 있는지는 현재 처해있는 조건과 생활 형편, 스트레스를 이겨내는 능력 등에 달려있다. 어떤 특성, 태도, 사람들이 당신이 감정을 적절히 조절하고 안정적일 수 있게 도와주는지를 생각해보고 포트폴리오를 작성한다. 그리고 어떤 특성, 생활 형편, 사람들이 당신을 초조하게 만드는지도 생각해보도록 한다. 포트폴리오에 적는 요소들은 다음과 같다.

· 기다림	· 명랑함
· 다른 사람들에게 인정받기	· 유머와 농담
· 균형	· 내적인 안정감
· 겸손	· 컨디션(건강, 수면, 지구력 등)
· 자유로운 결정	· 만족
· 긴장 풀기	· 낙관주의
· 유연성	· 자제력
· 친절	· 독립성
· 인내	· 경제적 안정
· 호의	· 나를 위한 시간
· 선량함	

당신의 포트폴리오에 어느 정도 만족하는가? 보완하고 싶은 측면은 무엇인가? 당신의 목표를 포트폴리오에 그려보자.

어떻게 스스로 안정을 찾을 수 있는가

스스로 안정을 찾는다는 것은 간단히 말해 냉철하게 상황을 판단하고 계산한 결과이자 의식적으로 실천하는 무위無爲라고도 할 수 있다. 바꿀 수 없는 일이라면 그대로 일이 일어나도록 내버려 두고, 기회는 미련 없이 놓치고, 그럴 만한 이유가 있더라도 매번 흥분하지 말고, 자신을 위해 잠시 시간을 갖는 것이다.

쉽게 흥분하지 않는 사람들은, 태생적으로 감정이나 열정이 과한 사람들에 비해 침착하고 느긋한 태도를 취하기가 쉽다. 자신의 안정을 찾는 일은 기질의 문제이며 주변 환경과 관련되어 있다. 기질과 환경은 우리가 쉽게 바꿀 수 없다. 그러나 안정을 찾으려는 연습은 감정의 노예가 되지 않으려는 노력, 즉 자제력의 문제이기도 하다.

요가나 명상을 하거나 기도원에 머무는 것도 도움이 된다. 하지만 그런 것들도 안정을 찾아 마음이 넉넉하고 여유로운 상태가 될 수 있는 전제조건이라 볼 수는 없다. 자신의 감정을 길들이기 위해서는 무엇보다 스스로 안정을 찾는 방법을 배워야 한다.

한 신문이 2002년 부활절 하루 동안 밀려오는 여행객들에 대해 '뮌헨 공항에 승객 20만 명이 도착할 예정이다'라고 보도한 바 있다. 신문 기사 옆에는 공항 대기실의 사진도 실려 있었다. 그곳은 사람들로 북적거리고 여행 가방도 산더미처럼 쌓여 있다. 긴장을 풀고 마음이 여유로워질 수 있는 흔적이라고는 하나도 없다.

독일의 봄은 정확하게 휴가가 시작되는 시점과 일치한다. 그러나 어디로 여행을 가든, 비행기를 타고 여행하는 많은 사람들은 휴가를 통해 자신과 가까워지지 못한다. 이미 오래전부터 휴가 기간에 긴장을 풀고 만족을 얻는 사람은 드물었다. 괴테의 파우스트가 부활절에 산책을 하면서 우연히 느끼게 된 그런 만족감 말이다. 파우스트는 이렇게 말했다.

"나는 벌써부터 마을 사람들이 웅성거리는 소리를 들을 수 있어. 여기야말로 민중들의 진정한 천국이지. 어른, 아이 할 것 없이 환성을 지르는 이곳. 나는 바로 이곳에서 인간이며, 인간일 수 있는 거야!"

최근의 여론조사에 따르면 지난 휴가가 '매우 힘들었다'라고 대답한 사람이 무려 20퍼센트나 되었다. 물론 나는 당신이 어떻게 휴가를 보냈는지 모른다. 어쨌거나 나 역시 꽉 막힌 고속도로에서 보내느니 차라리 집에 있었으면 하고 바라거나, 런던 타워의 입장권을 구입하기 위해 몇 시간씩 줄을 서는 대신 집에서 편안하게 텔레비전을 보는 게 더 좋았을 것이라고 후회한 순간들이 있었다.

너무 많은 선택 사항들이 있어서 우리는 그 가운데 몇 가지를 인식하지 못하기도 하는데, 그렇다고 해서 그 많은 선택들을 놓치지는 않는다. 이와 관련하여 독일의 철학자이자 사회학자인 테오도어 아도르노Theodor W. Adorno는 "어쩌면 진정한 사회는 발전에 싫증을 낼지도 모른다. 미친 듯이 낯선 별에 침입하는 대신에 자발적으로 그런 기회를 이용하지 않고 내버려 둘 것이다"라고 말한 바 있다. 하지만 지금까지는 그럴 조짐이 보이지 않는다. 이미 존재하는 기회를 이용하지 않고 내버려 둔다는 것은 우리처럼 이벤트 또는 행사를 좋아하는 문화를 향유하고 있는 현대인들에게는 낯설게 여겨지기 때문이다.

우리가 찍은 사진과 경험들로 우리 삶의 질이 판단되는 것은 이제 당연한 일로 여겨진다. 초등학교 2학년 학생이 촘촘하게 짜인 계획표에 따라 생활하는 것도 지극히 당연하게 받아들인다. "앞으로 2주 동안은 자리가 없다고 하더라고요." 나는 이렇듯 한 어머니가 다른 어머니에게 진지하게 얘기하는 것을 엿

계획을 줄인다

일정을 빽빽하게 잡지 않는다. 모임 사이에 충분한 간격을 두고 사람들을 초대하거나, 그 어떤 계획도 잡지 않고 주말을 보내면 시간적인 여유는 물론 명상할 시간도 가질 수 있다.

때로 시간을 흘러 보낸다

당신은 늘 바쁜 사람에 속하는가? 영화가 끝난 뒤 스크린에 제작자 소개가 뜨면 곧장 일어나서 밖으로 나가고, 비행기가 아직 시동도 끄지 않았는데 좌석에서 벌떡 일어나는 사람인가? 이런 식으로 살면 안정을 얻지 못한다. 그러므로 습관처럼 굳어버린 태도, 즉 스트레스를 유발하는 태도를 버리고 경험을 건너뛰는 태도를 가져라.

계획을 선별한다

하루는 24시간이다. 이 시간에 하고 싶은 모든 것을 하기란 불가능하다. 만일 지금보다 더 여유 있고 느긋하게 지낼 수 있기를 원한다면 다른 계획과 비교해볼 때 부수적으로 보이는 계획은 포기하는 것이 좋다. 부업, 이웃과의 비생산적인 다툼, 주변인들에게 듣는 칭찬, 반드시 봐야 한다고 추천하는 연극 등이 있을 것이다.

듣게 되었다. 그들에게는 각자 어린 딸이 있었고 오후에 같은 놀이시설에 보내려고 의논을 하는 중이었다.

경험을 소비하는 사회에 살고 있는 우리가 잊고 있는 점이 있다. 지나치게 많은 자극은 오히려 불안과 불쾌감, 공격성과 분노를 불러일으킨다는 사실이다. 여유 있고 느긋하며 침착한 태도와는 정반대되는 요소이다. 이를 막기 위한 처방은 매우 간단한데, 많은 것들을 그냥 내버려 두면 된다.

화가 날 때 해야 하는 일

지금보다 조금 더 여유 있게 지낼 수 있는 첫걸음은 계획을 약간 느슨하게 짜는 것이다. 그런데 사실 선택을 하지 않기란, 그것도 아주 매력적인 옵션을 선택하지 않기란 쉽지 않다. 하지만 토요일 오후에 테니스를 치러 가느냐, 집에서 빈둥거리느냐를 선택하는 것은 바로 자신이다.

반면에 다른 사람들이 우리를 자극할 경우에는 달라진다. 인간관계를 완벽하게 해나가는 사람들조차도 가족이나 동료, 친구나 이웃들의 요구와 기대에 한계를 긋기란 어렵다. 원치 않는 사람이 테니스를 같이 치자고 제안했을 때 양심의 가책을 받지 않고 거절하거나, 열네 살 된 딸아이가 엄마 옷을 마음대로 입고 다닐 때 이를 느긋하게 봐주기란 쉽지 않다.

다른 사람이 바라는 것이 우리가 예상했던 것과 충돌할 때, 우리는 바로 부담을 느끼며 코너에 몰린 듯한 느낌을 갖는다. 우리 몸은 이런 감정을 전쟁을 치를 준비를 하라는 신호로 인식한다. 그러면 특별한 행동을 취하지 않더라도 혈액 속에서 아드레날린과 노르아드레날린의 농도가 올라간다. 그 결과 혈압이 올라가고 호흡은 얕아지고 심장은 빠르게 뛰며 근육은 팽팽하게 긴장된다. 올라간 혈압은 외부 자극으로부터 뇌를 보호하는 작용을 하겠지만, 이로써 우리는 더 이상 냉철하게 생각할 수 없게 된다.

원시시대 사람들은 그처럼 온몸으로 스트레스를 표현할 만했고, 흔히 그런 식으로 목숨도 구할 수 있었다. 그러나 오늘날에는, 즉 냉정함과 전문가다운 친절이 필요한 사회에서는 그와 같은 반응은 부적절한 것으로 비친다. 그래서 우리는 분노를 어떻게 표출해야 할지 모르는 것이다. 친절, 영리함, 자존심은 우리가 받은 마음의 상처를 여과하지 않고 있는 그대로 표현하는 것을 금지하고 있다. 그럼에도 불구하고 마음속으로는 여전히 흥분을 가라앉힐 수 없다. 그러므로 그렇듯 심한 분노가 애초부터 생기지 않도록 하는 것이 훨씬 편하고 건강에 좋을 것이다.

어려운 일이지만 그렇게 할 수 있다. 우리가 스트레스에 반응하는 방식은 어느 정도 유전적인 요소와 유아기의 경험으로 결정된다. 그래서 어떤 사람은 다른 사람들에 비해서 스트레스를 더 심각하게 인지하는 것이다. 그렇지만 지나치게 예민하거나 스트레스를 잘 받는 사람들도 생물적인 작동을 무디게 할 수 있는데, 바로 생각을 깨끗하게 청소하는 것이다.

스트레스로 인한 반응은 자신은 물론 상대도 자극한다. 그것은 내적인 독백의 결과다. 모기를 코끼리로 부풀리기도 하고 빌린 블라우스를 엄청난 돈을 주고 구입한 옷이라며 과대 포장하기도 하는 내면의 독백 말이다.

물론 사람들이 우리에게 부당한 행동을 했다. 당연히 주변 사람들의 태도가 우리에게 항상 즐거움을 주는 건 아니다. 하지만 사람들 사이에서 일어나는 마찰은 삶의 일부분이며, 대부분 개인적으로 우리만 지목해서 모욕하려고 한 것도 아니다. 그런 마찰은 설명할 필요가 있지만 우리 마음을 요동하게 만드는 주요 원인은 되지 못한다. 우리는 화를 내면서 스스로 그 분노 속으로 뛰어 들어간다. 그 상황이 아니라 자신의 부정적인 생각과 자신의 감정, 늘 멍청하고 고통을 감수해야 하는 자기 자신이 한꺼번에 폭발하는 것이다.

부정적인 생각은 마치 우리 자신과 외부 세계 사이에 끼어든 깨진 거울과 같다.

이를 방지하기 위해서 할 수 있는 일이 몇 가지 있다. 화가 난 당신의 상태를 별것 아닌 것처럼 가볍게 여기면 된다. 가령 "저 나이 또래의 여자아이들은 원래 그래. 이제 곧 그 시기도 지나갈 거야"라며 말이다. 또는 상황을 새롭게 평가할 수도 있다. "율리아가 나쁜 마음을 먹고 그랬을 리는 없어. 오늘 저녁에 녀석과 한번 대화를 해봐야지"라는 식으로 말이다. 아니면 화가 났을 때 몸을 움직여서 풀 수도 있다. 더 좋은 방법은 화가 나지 않도록 처음부터 감정을 조절하는 것이다. 한걸음 뒤로 물러서서 세상과 적절한 거리를 두도록 반응하는 연습을 하면 된다.

깊이 생각하지 않는다

분노는 주로 개인적으로 공격받았다고 느낄 때, 다시 말해 다른 사람이 의도적으로 화를 돋우려 한다고 느낄 때 일어난다. 그러나 사실은 거의 아무도 우리에게 나쁜 짓을 할 의도는 없다. 다른 사람들은 나름대로 좋은 일을 하고자 할 따름이다. 이를테면 딸아이는 엄마를 화나게 하려는 게 아니라 단지 멋진 옷을 입고 싶어서 엄마의 옷을 잠시 입었을 뿐이다. 아무도 당신과 당신의 욕구에 대해 깊이 생각하지 않는다. 당신은 다른 사람들에게 단지 목적을 달성하기 위한 수단이다. 그러므로 다른 사람들의 욕구는 머릿속으로만 생각할 뿐 뼛속 깊이 새겨둘 필요는 없다. 또 당신의 감정에 대해서는 흥미롭게 관찰하되, 사적으로 접근하고 반응하려 하지 않는다. 예일대학교의 심리학자 피터 샐러베이Peter Salovey와 존 메이어John D. Mayer는 이와 같이 열정 없이 자신을 관찰하는 태도를 '메타 무드Meta-Mood'라고 부른다. '메타 무드'는 문제를 해결해주지는 못하지만 화를 불러일으키는 프로그램을 약화시킨다고 한다. 이런 상태가 되면 당신은 초연한 마음으로 갈등을 해결하고 싶은 방식을 결정할 수 있다.

즉각 반응하지 않는다

만일 마음에 상처를 입거나 내 능력을 넘어서는 과제를 받았거나 스트레스를 받고 있다고 느끼면 처음에는 아무 말을 안 하는 것이 가장 좋다. 침묵한 채 잠시 창가에 가거나 커피를 한잔 마시며 한동안 생각할 시간을 갖는다. "이 문제는 조금 더 생각해봐야겠어"라고 말하는 식이다. 또한 다른 사람에게 기다릴 것을 부탁한다. "그 문제는 제가 조금 더 생각해봐야겠습니다. 오후에 다시 연락드리죠"와 같이 말이다.

유머를 사용할 줄 안다

"유머란 현자들의 우산이다"라고 독일의 풍자 작가 에리히 케스트너는 말했다. 사실 유머와 풍자는 자극적이고 부당한 요구나 기대를 일소하고, 냉혹한 마음을 부드러우면서도 조금 더 자유롭게 만들어준다(라틴어 humor는 '액체'를 의미한다). "도대체 얼마나 더 말을 해야 하니? 엄마 물건에 손대지 말라고!"라는 말은 오직 딸에게 화가 났다는 것을 표현할 뿐이다. 그런 다음 당신은 아마 문을 쾅 닫을 것이다. 그렇게 하지 말고 마음을 진정시킨 뒤 이렇게 말하면 좋다. "역시 넌 엄마 딸이 맞네! 엄마 옷장에서 또 한 번 보물을 발견하는 데 성공한 모양이구나?" 풍자란 탁월한 사람들에게서 나오며 딱딱한 분위기를 부드럽게 풀어준다. 재미없는 상황일지라도 유머는 효과가 있다.

인생의 걱정거리들에 대처하는 법

당신의 생활비가 줄어들었다. 장식을 다 해놓은 크리스마스트리가 선물하기 바로 직전에 쓰러져서 할머니에게 받은 장식용 유리알이 모두 깨져버렸다. 지금까지 당신이 집을 비울 때마다 고양이와 우편물을 대신 돌봐주던 친절한 이웃집이 이사를 간다고 한다. 가족 중 한 명이 몹시 아프다.

이렇듯 여러 사건들은 사람에 따라 다른 의미와 비중을 차지하겠지만 공통점도 있다. 그런 사건들은 원치 않은 변화를 가져오고 우리의 계획을 무산시키며 불안, 우울증, 좌절, 근심을 안겨준다는 것이다. 그런 상황에 처하게 되면 많은 사람들은 머리를 싸안고 고민하고, 과거를 그리워하고, 답답한 심정으로 암울한 미래를 그리고는 한다.

분노와 마찬가지로 두려움과 슬픔은 인간의 기본적인 감정에 속한다. 그런 것들은 우리가 태어날 때부터 가지고 있는 감정으로 위험을 예방하고 변화와 손실을 이겨내며 새롭게 진로를 결정하는 데 도움을 준다. 그와는 반대로 근심과 좌절은 우리를 수동적으로 만든다. 한 가지 문제를 단호하게 처리하거나 용기 있게 수용하는 대신 혼자 또는 다른 사람과 함께 문제를 계속해서 되씹기만 한다. 또한 근심하거나 좌절에 빠진 사람들은 해결책을 충고해줘도 효과가 없다며 고려해볼 생각도 하지 않는다. "그렇게 해봐야 아무 소용없어"라고 말하면서 말이다. 그런 사람들은 계속 똑같은 생각만 함으로써 결과적으로 자신에 대하여 동정심을 느끼고 불면증에 시달릴 뿐이다. 완벽한 해결책이 없는 문제들도 있는데 그런 경우에는 어떻게 할 것인가?

그때는 미래에 대한 근심과 과거에 경험한 좌절감을 뿌리치고 현재에 집중하여 변화한 조건에서 살아가면 된다.

한 가지 문제에 지나치게 집중하면
두려움과 근심은 마음속에서 더 깊은 구멍을 판다.

늘 똑같은 생각을 반복하면 우리의 뇌에 길을 하나 만들어 놓는 결과가 되는데, 이 길은 아스팔트나 포장된 길이 아니라 사람들이 자주 다녀서 저절로 생긴 길과 같다. 그러므로 한 가지 문제를 지나치게 골똘하게 생각하다 보면 창의적인 해결책을 발견하기가 어렵다. 문제를 이리저리 굴리기만 해서, 돌 굴리는 벌을 받은 시지프스Sisyphus처럼 영원히 헛수고만 되풀이하게 되는 것이다.

삶은 완벽하지 않다. 그러니 근심거리는 늘 생겨나기 마련이겠지만 우리는 걱정과 근심으로 세월을 보내지 않을 수 있다. 다음의 조언이 도움이 될 것이다.

걱정하는 시간을 정한다

걱정이 문제의 해결책이나 대안을 생각하게 만들거나 또는 손실을 줄이는 방법을 고민하게 만든다면 걱정하는 것도 의미가 있다. 그러나 걱정을 통해서 과거에 겪었던 고통을 떠올리고 미래도 불길할지 모른다는 생각을 계속 되풀이한다면 그것은 건강을 해치고 삶의 기쁨도 앗아간다. 그러므로 적당하게 걱정하는 것이 필요하다. 한 가지 문제로 끝없이 고민하는 사람에게는 '걱정하는 시간'을 정해두라고 조언하고 싶다. 이를테면 매일 밤 8시부터 15분간 정신을 총집중해서 걱정만 하는 것이다. 그런 뒤에는 끝을 낸다. 이보다 더 좋은 방법은 걱정거리에 대한 일기를 쓰는 것이다. 골머리를 썩이는 것이 무엇인지 정확하게 쓰고, 당신의 두려움을 분석하고, 가능한 해결책들을 적어본 다음 이것을 매일같이 읽어보도록 한다. 그러면 몇 달 전만 하더라도 당신을 불안으로 몰고 갔던 대부분의 사건들이 이미 해결되었거나 희미해졌거나 잊히게 되었음을 경험하게 될 것이다.

바꿀 수 없는 것은 수용한다

목표란 좋은 것이지만 목표가 고정관념이 되어버린다면 그렇지 않다. 살다 보면 온갖 뜻하지 않은 일들이 발생한다. 계획한 휴가가 무산될 수도 있고, 프로젝트를 거의 완성 단계에서 처음부터 다시 해야 하거나 멀쩡하던 노트북이 맛이 가버리기도 한다. 이런 상황을 받아들여야 한다. 여기에 반발해서는 안 된다. 절망과 근심은 에너지를 빼앗아가고 아무런 해결책도 내놓지 않는다. 바로 그 자리에서 이를 실천하려면 냉철하게 생각할 수 있는 머리가 필요하다.

최악의 상황에서 최선의 해결책을 생각한다

숨을 깊이 들이쉬고 먼저 처음의 충격을 이겨낸다. '이런 일이 일어나다니!'라고 속으로 생각한 다음, 원래 세웠던 계획을 가차 없이 버리는 것이다. 그리고 두 번째로 좋은 해결책이 무엇인지 생각해본다. 이미 일이 일어난 상태에서 가장 좋은 해결책은 스토아 철학자 에픽테토스Epiktetos가 말한 것처럼 하는 것이다.

"당신을 연극에 나오는 배우라고 생각해야 한다. 그러니 연출자가 시키는 역을 맡아서 그 연극이 길든 짧든 연기를 해야 한다. 연출가가 네게 거지 역을 원한다면 너는 그 역을 적절하게 해내야 한다. ……이때 너의 유일한 임무는 네가 맡은 역을 잘 해내는 것이다. 그 역을 선택하는 일은 네가 아니라 다른 사람이 했다."

현재를 살아간다

현재의 삶이 힘들지라도 지금 이 순간만큼은 당신이 걱정하고 있는 미래보다 훨씬 아름답다. 조직검사 결과를 기다리거나 당신이 매수한 주식의 가격이 하루가 다르게 떨어지는 것을 보고 있는 동안에도 튤립은 자라고 있고, 시내의 커피숍은 사람들로 북적거리며, 당신의 딸은 태어나서 처음으로 한 발자국을 내딛는다. 미래에 대한 불안을 접고 현재 이 순간에 얼마나 집중할 수 있느냐에 따라서 마음의 평안을 얻을 수 있다. 미래에 어떤 일이 일어날지는 누구도 모른다. 하지만 생각의 방향은 우리 스스로 조정할 수 있다.

여유를 받아들이는 데도 시간이 필요하다

우리 부부는 지난번 휴가 때 프랑스의 프로방스에서 실컷 쉴 수 있으리라 기대했다. 실컷 자고 잘 먹고 풀장에서 수영도 하고 낮잠도 자고 독서도 하면서 말이다. 고속도로를 달리다 멈추기를 반복하면서 이번에는 휴가 때문에 스트레스를 받지 않을 것이며 의무적으로 해야 할 일을 정하지도 않으리라 맹세했다. 가령 박물관을 관람한다거나 해변 도로를 달린다거나 관광객들로 북적대는 도시에 들르는 일을 하지 않기로 했던 것이다. 우리는 햇볕과 물, 휴식, 라벤더 향 외에는 아무것도 원하지 않았다. 그런데 다음 날 아침에 깨어나 보니 무서운 일이 우리를 기다리고 있었다. 내가 깜빡하고 풀장이 없는 호텔을 예약했던 것이다. 우리가 묵은 호텔은 조용한 시골에 자리 잡고 있는 낭만적인 곳으로, 멋진 음식이 나왔지만 안타깝게도 풀장과 정원은 없었다. 그리하여 풀장에서 놀려고 했던 우리의 계획은 수포로 돌아갔다. 우리는 천천히 아침을 먹고 어슬렁거리며 마을을 구경하다가 신문을 한 장 사고 커피를 마시고 낭만적인 교회 건물을 요리조리 뜯어보았다. 이렇게 해도 겨우 점심때였다. 오후가 되자 우리는 자동차를 몰고서는 바닷가를 따라 드라이브를 하고 아무런 목적 없이 항구를 돌아다니기도 했다. 우리는 불안하고 따분했다.

휴가가 시작된다고 해서 금세 휴식을 얻고 긴장을 해소할 수 있는 것은 아니다. 말하자면 여유라는 것도 충분히 숙성할 시간이 필요하다. 우리는 세 번째 날부터 그 여유를 찾을 수 있었다. 몇 시간 동안 바닷가 커피숍에 앉아서 놀이를 하는 사람들을 지켜보기도 했고 책을 읽기도 했으며, 교회에서 나이 든 사람이 파이프 오르간을 연주하는 소리도 들었다. 또한 도시의 무너진 담벼락을 따라 산책도 했다. 천천히, 어떤 목적도 없이 말이다.

우리는 그런 식으로 더 많은 시간을 보내고 싶었다. 하지만 정말 그렇게 했더라면 두려워서 뒷걸음질 쳤을 것이다. 시계가 갑자기 천천히 돌아가는데 만일 우리가 시간을 조절하지 못한다면 결국 우리는 돌아버릴 것이기 때문이다. 이처럼 불안정한 상태가 되는 원인은 우리 몸에서 일어나는 화학적인 과정 탓이다. 일상에서 유능한 사람이 되려고 노력할수록 우리가 견뎌내는 스트레스의 양도 많아진다. 그런데 쉬는 때가 되면 스트레스 호르몬인 아드레날린과 노르아드레날린, 코르티솔이 나오지 않게 되고, 그러면 우리는 새로운 자극을 찾아보게 된다. 지루함,

불안정과 기분 나쁜 상태는 스트레스가 없어서 생기는 현상으로 여유와 마음의 평화를 얻는 데 장애물이 된다. 느긋하게 명상하면서 얻을 수 있는 기쁨을 맛보기 위해서는 자율신경계가 그 같은 변화에 반응한다는 것을 받아들이고 적당할 때까지 기다려야 한다.

실천하기 4

마음이 편안해지는 시간을 보낸다

일상생활에서도 규칙적으로 아무 일도 하지 않는 시간을 가진다. 아니면 명상을 하며 긴장을 풀 수도 있다. 아무쪼록 매일 마음이 편안해지는 시간을 보내도록 하라. 나의 경우, 정원에서 장미꽃 한 송이를 잘라 꽃병에 꽂아두고 좋아하는 영화 주제곡을 듣는다. 또는 따뜻한 베란다에 의자를 놓고 앉아서 아무것도 하지 않기도 하고, 고양이가 싫증을 낼 때까지 함께 놀기도 한다. 침대에서 아침을 먹고, 책장에 있는 먼지를 닦다가 우연히 잊어버린 줄 알았던 책을 발견하거나, 낮잠을 청하기도 한다. 이처럼 자신마저 잊어버릴 수 있는 순간에 이르면 우리의 영혼은 그제야 쉴 수 있다.

지루함을 느낀다

사람들은 문화센터에서 열리는 값싼 강좌도 한번 듣지 못하고 주말 저녁에 집에만 있으면 신경질을 부리고는 한다. 혼자 있는 것에 두려움을 느끼는 것이다. 흔히 좋지 않은 것이라 오해하는 '지루함'은 오히려 약이 되기도 한다. 자극이 별로 없는 여유로운 시간을 보내면 우리의 신경은 안정을 되찾게 되고 머릿속도 정리가 되며 자유로워진다. 그리하여 지루함은 곧 평안함으로 변하고, 더욱 집중할 수 있게 해주며, 우리를 창의적으로 만들어준다.

몸의 긴장을 풀어준다

긴장 상태에서 긴장이 풀리는 상태로 넘어가는 시간이 어느 정도 걸리는지는 당신의 일상이 얼마나 많은 의무와 책임과 자극으로 이루어져 있는지에 따라 결정된다. 난이도가 높은 일을 할수록 우리의 몸은 아무것도 하지 않는 무위의 상태로 전환하기 위해 긴장을 해소하는 시간이 더 필요하다. 하지만 몸을 평온한 상태로 연결해줄 수 있는 다음의 몇 가지 방법이 있다.

- 적절히 어두운 환경
- 느리게 움직이는 운동 – 흔들의자, 해먹, 산책
- 단조로운 자극 – 파도 소리, 졸졸 흐르는 샘물 소리, 나무 쪼개는 소리
- 감정적인 음악
- 하루, 일주일, 1년 동안 매번 반복하는 일들

유연하게 반응하는 연습을 한다

목표를 정하고, 시간을 잘 분배하고, 과정을 최적화한다. 하지만 계획이 한 번쯤 무산될지라도 유연하게 행동하라. 가령 세무사를 만나러 가는

길에 졸업 후 한 번도 만나지 못했던 동창생을 만날 수도 있기 때문이다. 또한 딸이 당신과 얘기를 하고 싶어 할 수도 있고, 남편이나 아내가 보통 때와 달리 2시간 일찍 퇴근할 수도 있는 까닭이다. 이런 경우에 이마를 찡그리며 약속을 적어둔 달력을 쳐다보지 말고, 미리 세워둔 계획을 악착같이 실천하려 하지 말고 예상치 못한 기쁨을 즐기는 것도 좋다.

불완전한 삶을 받아들인다

10~20분 정도의 휴식 시간을 하루 두세 번은 가지도록 한다. 이 시간에 명상을 하거나 창밖을 내다보거나 음악을 들으면 된다. 그밖에 중요한 점은, 불완전한 상태도 받아들이는 법을 조금씩 터득해야 한다는 것이다. 정기 구독하는 잡지를 전혀 읽지 않고 동료에게 선물한다거나, 직접 과자를 굽지 않고 빵집에서 구입한다거나, 매 시간 이메일을 열어보지 않고 하루에 두 번 정도만 열어보는 식이다. 그리고 화장을 거의 하지 않은 채 출근도 해보라. 아마 이를 눈치채는 회사 직원은 드물 수도 있다.

비현실적인 기대감 집어던지기

완벽주의와 비현실적 기대는 명상하고 여유를 갖는 데 방해가 된다. 30대 후반에 대표직에 앉겠다는 계획을 한 사람이라면 성공을 위해 좋은 시절을 모두 희생해야 할 것이다. 이런 사람이 따르는 원칙은 '우선은 일하고 그다음에 즐기자'가 될 것이다. 물론 결코 이루어질 수 없다. 이는 마치 5를 짝수로 만드는 일과 같다. 평균 소득을 받는 근로자가 절약해서 7년 후에 백만장자가 될 수 있다고 진지하게 믿는다면, 7년 직장생활을 한 뒤 턱없이 적은 돈만 남아있는 통장을 보고 당연히 실망만 할 게 분명하다. 텔레비전이나 잡지에 등장하는 연예인들처럼 보이고 싶은 사람은 거울을 들여다보면서 당연히 기분만 상할 것이다.

과도한 목표는 이루기도 힘들지만, 그 목표를 이루기 위해서는 조직적인 노력을 기울이고 상상 이상으로 모든 신경을 집중해야만 가능하다. 이때 자신에게 가하는 과도한 요구와 이미 예정된 좌절감은 우리를 불만족스럽게 할 뿐 아니라 불행하게까지 만든다. 따라서 이런 문제에서 벗어나기를 원하는 사람은 이루지 못할 목표나 비현실적인 헛소리와 기대감 따위는 과감히 던져버려야 한다.

자신을 찬찬히 관찰한다

유연한 태도로 살아간다는 것은 삶이 어떻게 돌아가든 상관하지 않고 뚜렷한 생각도 없이 삶과 대면하는 태도가 결코 아니다. 오히려 자신을 자주 비판적으로 관찰하는 것을 의미한다. 즉, 높은 곳에 서서 이런 의문을 던져 보는 것이다. '왜 나는 이 문제에 이토록 매달리는 것일까?' '나는 내 일에서 무엇을 이뤄내고 싶은 것일까?' '나는 내게 과도한 요구를 하는 걸까, 아니면 지나치게 낮은 요구를 하는 것일까?' '나의 목표는 노력해서 달성할 수 있는 것일까?' '나는 맹목적으로 트렌드를 따르고 있는 것일까?' 거북이가 경주용 말을 앞서가려고 한다면 분명 스트레스가 생길 것이다. 자기 관찰은 자신의 충동, 기대, 편견을 간파할 때는 물론 이를 의문시할 때 도움이 된다.

적당히 낙관적인 견해를 갖는다

특별한 것을 기대하지도 너무 기뻐하지도 않아야 한다. 특정 사건에 대해 흥분하지도 말자. 최악의 경우도 예상하지 말고 또 이상적인 경우도 기대하지 말자. 자신과 타인 그리고 삶의 어느 한쪽으로 치우치지 않고 중립적인 입장을 취한다면 가끔은 좋은 일로 기뻐하면서 살 수 있다.

진부한 생각들은 떨쳐버린다

스트레스는 자신과 타인에 대해 지나치게 많이 기대하거나 이상적으로 생각함으로써 생길 때가 많다. 이를테면 우리 스스로를 압박하는 신조 같은 것들이다. 대부분 우리는 그런 견해를 주변에서 아무런 비판 없이 받아들이고는 한다. 그러므로 당신의 삶을 힘들게 하는 원칙들이 무엇인지 알아야 한다. 그 전형적인 것들을 예로 들어보겠다.

- 일이 우선이고 그다음에 즐긴다.
- 나는 그렇게 좋은 기회를 다시는 얻지 못할 것이다.
- 지금보다 좀 더 잘 할 수 있는 것이 많다.
- 다른 사람들도 그것을 할 수 있다.
- 강한 사람들은 도움이 필요하지 않다.
- 진정한 여자/진정한 남자라면 …을 가지고 있다/할 수 있다/한다.
- 내가 하는 일은 나만이 제대로 한다.
- 윗자리는 외롭다.
- 독립적이라 함은 직접 그리고 꾸준하게 하는 것을 말한다.
- 원하는 자가 할 수 있다.
- 나는 누구에게도 상처를 주고 싶지 않다.
- 무無에서는 아무것도 나오지 않는다.
- 내가 직접 하면 일이 더 빨리 진행된다.
- 개인적인 문제는 알아서 스스로 해결해야 한다.
- 내가 그 일을 하지 않으면 아무도 그 일을 하지 않는다.
- 모든 해결책의 이면에는 그보다 더 나은 해결책이 숨어있다.

'반응 연습하기'가 의미하는 것

이번 장에서 당신이 그리 힘들이지 않고 일상에 적용할 수 있는 제안은 어떤 것이 있는가? 어떤 방식으로, 또 언제 적용할 것인가? 앞으로 좀 더 주의를 기울일 측면은 무엇인가?

◆

참 고 문 헌

◆

Argyle, Michael. *The Psychology of Happiness*. Methuen & Co 1987.

Bartolomé, Fernando, Evans, Paul A. Lee. *Must Success Cost So Much? Harvard Business Review on Work and Life Balance*. Harvard Business School Press 2000.

Baur, Eva Gesine. *Der Luxus des einfachen Lebens*. dtv 1999.

Berckhan, Barbara. *Schluss mit der Anstrengung. Ein Reiseführer in die Mühelosigkeit*. Kösel 2002.

Bodenmann, Guy. *Wie Partnerschaft gelingt.*

Boston Consulting Group. *The Growth Share Matrix.*

Braig, Axel, Renz, Ulrich. *Die Kunst, weniger zu arbeiten*. Argon 2001.

Brandes Dieter. Von *ALDI lernen: Das Prinzip Einfachheit.*

Csikszentmihalyi, Mihaly. *Kreativität. Wie Sie das Unmögliche schaffen und Ihre Grenzen überwinden*. Klett-Cotta 1997.

Csikszentmihalyi, Mihaly. *Lebe gut! Wie Sie das Beste aus Ihrem Leben machen*. dtv 2001.

Gottman, M. John. *Die 7 Geheimnisse der glücklichen Ehe*. Econ Ullstein List 2000.

325

Joppe, Johanna, Ganowski, Christian, Ganowski, Franz-Josef. *Chefsache Privatleben. Mit Managementmethoden zur persönlichen Balance.* Campus 2001.

Kracke, Bärbel, Hofer, Manfred, *Familie und Arbeit.*

Küstenmacher, Werner Tiki. *Simplify your life. Einfacher und glücklicher leben.* Campus 2001.

Krones-Magazin. *Die Lessness-Bewegung. Vom Konsumrausch zur neuen Sinnsuche.* Krones AG 01/2001.

Müller-Schneider, Thomas. "Die Erlebnisgesellschaft–der kollektive Weg ins Glück." *Politik und Zeitgeschichte* 12/2000, 24-30.

Opaschowski, Horst. W. *Leben auf der Überholspur. Folgen und Folgerungen.* Institut für Sozialpädagogik, Erwachsenenbildung und Freizeitpädagogik der Universität Hamburg 2001.

Possemeyer, Ines. "Stress. Wie meistern wir die schöne neue Arbeitswelt?" *Geo März* 2002, 143-169.

Rifkin, Jeremy. "24 Stunden geöffnet. Wie schnell sind wir am Ende?" *Süddeutsche Zeitung* vom 28. Mai 2001.

St. James, Elaine. *Living the Simple Life.* Hyperion 1996.

Stanley, Thomas J., Danko, William D. *The Millionaire Next Door.* Pocket Books 1996.

능력은 무언가를 할 수 있음을 뜻하고,

동기는 무엇을 하는지를 정해주며,

태도는 그것을 얼마나 잘하는지를 결정짓는다.

루 홀츠Lou Holtz

자신만의 유연함으로 인생을 살아가는 사람들의 비밀
애티튜드

초판 1쇄 발행 2023년 2월 14일

지은이 도리스 메르틴
옮긴이 이미옥
펴낸이 민혜영
펴낸곳 (주)카시오페아
주소 서울시 마포구 월드컵로14길 56, 2층
전화 02-303-5580 | **팩스** 02-2179-8768
홈페이지 www.cassiopeiabook.com | **전자우편** editor@cassiopeiabook.com
출판등록 2012년 12월 27일 제2014-000277호
책임편집 양다은
편집 이수민, 오희라, 양다은 | **디자인** 최예슬
마케팅 허경아, 이서우, 이애주, 신혜진
외주디자인 디박스

ISBN 979-11-6827-096-1 03190